조세형법론

이 상 돈 저

세창출판사

이 도서의 국립중앙도서관 출판시도서목록(CIP)은 e-CIP 홈페이지 (http://www.nl.go.kr/ecip)에서 이용하실 수 있습니다.(CIP제어번호: CIP2009000354)

| 머 리 말 |

기업의 조세포탈은 미디어들이 언제나 즐겨 다루는 핫이슈이다. 특히 기업의 법인세포탈은 비자금조성과 정치권에 대한 로비로 이어지기 쉽기 때문에 더욱 그러하다. 정치권로비는 정경유착의 망에서 이루어지고, 이는 경제적으로는 공정경쟁과 시장질서를 갉아먹고, 정치적으로는 민주주의의 부패를 가져온다. 따라서 기업(인)의 조세포탈에 대한 공방은 정치적 공방을 배후에 두고 있곤 한다. 그래서 더욱 기업의 조세포탈은 '국민'들의 뜨거운 관심을 받기 쉽다. 그런데 '국민'들은 법이 부과한 조세를 철저하게 납부해야 한다는 납세준수의식에서 기업들의 조세포탈을 바라보는 경향이 높다.

이에 비해 개인의 조세포탈은 미디어의 큰 관심사가 되지 못한다. 아마도 시민사회를 구성하는 개인들 모두가 크고 작은 조세포탈을 하기 때문일 것이다. 부동산거래에서 이중계약서의 작성, 중간생략등기, 자식명의의 차명계좌운용, 종합소득의 과소신고 그리고 이런 행위들을 보호해주는 전문가집단의 직업활동 등은 이를 증명해준다. 그렇기에 정치권에 대한 로비로 이어지지 않는 개인적 차원에서의 조세포탈은 서로 비난하지 않고, 탄로나지 않으면 그만이라고 생각하며, 또한 서로 덮어수기까지 하는 '시민'의식이 확고하게 자리잡고 있다. 그러니까 '시민'들은 법이 부과한 조세를 최대한 회피할 수 있으면 좋다는 식의 납세거부의식에서 개인들의 조세포탈을 바라보는 경향이 높은 셈이다.

그러나 조세(형사)법은 이런 이중적 도덕의식을 고려하지 않고, 조세포탈죄에 대한 엄벌주의의 형사정책을 담은 법제와 모든 조세포탈을 형평 있게 처벌하지 못하는 집행의 결함을 보여준다. 엄벌주의와 집행결함은 조세형법의 규범력을 약화시킨다. 시민들이 조세형법규범을 내면화하고 준수하려는 의식을 함양시키지도 못한다. 이럴 때 형법은 도덕적 품위와 정당성의 토대를 잃어버린다. 조세당국도 고발권을 오로지 조세정책적 목표달성을 위한 방편에서 또는 미디어에 의해 관심을 끈 사건에 대한 여론의 향배에 따라 행사하기도 한다. 그럴 경우 형'법'은 조세'정책'의 수단으로 전락한다.

이런 현실을 극복하려면 조세형법의 엄벌주의를 완화할 필요가 있다. 입법이 당장 어렵다면 조세포탈죄의 해석을 엄격하게 하여 납세거부의식이 만연해 있는 시민사회에서 누구도 이의를 제기하지 않는 반도덕적인 양태를 띤 조세회피행위만을 조세포탈범죄로 포착할 필요가 있다. 이런 엄격해석은 법치국가적 전통을 계승하는 것이며, 이 전통은 비록 조세부담에서는 빈부의 차이를 고려해야겠지만('조세형평'), 형사책임의 부담에서는 가난한 사람과 부유한 사람이 모두 그 수혜자가 되어야 한다(형법적 '평등'). 민주적 법치국가의 형법은 그런 전통을 계승한 것이어야 한다. 이 책에서 조세형법을 새롭게 해명하는 거점들로 사용되고 있는 법률명확성원칙이나 비례성원칙, 수사비례원칙, 그리고 이중위험금지원칙 등은 그런 전통의 중심을 이룬다. 다른 한편 민주적 법치국가의 형법은 미래지향적이어야 한다. 전통의 계승과 함께 현대사회 그리고 미래사회의 현실에 알맞은 이론을 수용해야 한다. 예컨대 전속고발제도는 사회체계들 사이의 통합기제로 재해석되어 조세형사절차법의 새로운 제도로 자리잡을 필요가 있다. 또한 조세당국과 수사기관 사이의 수사기능의 분배와 통합을 위한 권한분배모델 그리고 그로부터 나오는 수사비례원칙이나 고발기준 등이 새롭게 정립되어야 한다. 이것들은 다른 행정수사(administrative investigation), 이를테면 식약청의 단속이나 공정위의 조사 등과 수사기관의 수사 사이의 관계를 미래지향적으로 설정하게 하는 가이딩 라이트가 되어줄 것이다.

이 책은 볼륨이 작지만 3부로 구성되어 있다. 우선 아래 표와 같이 조세형법과 형사절차법의 실무를 주로 현행법제를 개관하는 방식으로 요약·서술하고, 앞에서 설정한 기획을 실현하는 방향으로 조세형법이론과 조세형사절차법이론을 설계하고 있다. 여기에 더하여 제3부에서는 조세형사법이론을 구체적인 주제에 응용하고 실천하는 작업을 한다. 일단 이번 제1판에서는 최근 많은 관심을 받은 상장주식양도세포탈죄의 위헌성과 합헌적인 적용방안을 모색하는 주제만을 다룬다. 앞으로 새롭게 등장하는 조세형법적 이슈가 있으면 계속 연구하면서 응용과 실천 편의 단락을 늘려나갈 예정이다.

	조세형법	조세형사절차법
실 무	제1부 [1] 단락	제2부 [3] 단락
이 론	제1부 [2] 단락	제2부 [4] 단락

응용과 실천
제3부 [5] 단락

작은 책이지만 이 책은 새롭게 출발하는 로스쿨 교육체제에 적합한 교재가 될 것이라고 기대해 본다. 조세형사법의 실무에 대한 이해도 그 지식의 양은 적지만 기초를 다지는 데는 크게 부족함이 없을 것이다. 이에 비해 새로운 조세형사법이론은 조세법전문가로의 성장과 활동에 매우 유용한 지식생산의 기반시설이 될 수 있다고 말하고 싶다. 그렇기에 조세형사사건을 담당하는 법조인(법관, 검사, 변호사)들도 조세형법을 적용하는 직업의 일상에서 이 책을 한 번쯤 읽어보고, 그간의 실무관행을 조금씩 변화시켜 나아갈 수 있게 되기를 희망해 본다. 아울러 이 책은 사내변호사를 비롯한 기업법무담당자들에게는 기업의 조세포탈혐의에 대한 법적 방어를 위해 필요한 유용한 법지식을 제공해줄 수 있을 것이다.

끝으로 이 책을 펴내는 데 도움을 준 고려대학교 석사과정에 있는 연구조교 박혜림 양과 이제 박사과정에 입학하여 조세형법을 공부하게 된 군법무관 신동환 군, 그리고 석사과정에서 역시 노동형법과 조세형법을 공부하고 있는 군법무관 김진하 군에게 고마움을 전하고 싶다.

2009년 새해 아침에

이 상 돈

| 내　용 |

제1부 조세형법

제2부 조세형사절차법

제3부 조세형사법이론의 응용과 실천

| 세부차례 |

제1부 조세형법

제2부 조세형사절차법

제3부 조세형사법이론의 응용과 실천

제 1 부

조 세 형 법

[1] 실 무: 현행 조세형법의 불법구조

[2] 이 론: 조세형법의 정당성기초와 위헌성 판단

[1] 실 무: 현행 조세형법의 불법구조

Ⅰ. 조세일탈행위의 개념과 유형

조세범죄는 조세당국의 통제와 제재(처벌)의 대상이 되는 일탈행위들 가운데 중대한 경우들에 국한되어야 한다. 조세일탈행위의 유형화는 조세범죄의 개념을 설정하는 데 이론적으로 불가피하며, 실천적으로 유용하다.

1. 합법적인 조세일탈행위

먼저 합법적인 조세일탈행위로 절세와 조세회피가 있다.

(1) 절 세

가장 약한 일탈행위는 절세이다. 예컨대 종합부동산세를 줄이기 위해 남편 단독명의의 부동산을 부부공동명의로 하는 행위를 들 수 있다. 절세는 실정법상 합법적이어서 일탈행위로서의 성격도 인정하기 어렵다. 하지만 특정한 방식의 절세가 보편화되면, 조세징수를 통한 국가재원조달에 영향을 미치게 되고 장기적으로는 조세법의 변화를 가져올 수 있게 한다는 점에서 조세당국의 통제정책의 대상이 될 여지가 있다. 따라서 절세에는 잠재적이고 매우 미약한 일탈행위적 요소가 있다.

(2) 조세회피

또 다른 합법적인 절세의 방법으로 조세의 회피가 있다. 조세회피 역시 조세법을 직접 위반하지 않지만, 조세법의 흠결을 이용하여 조세부담을 '비통상적으로' 감소시키는 행위이다. 예컨대 조세부담이 없거나 적은 국가에 해외법인을 설립하여 활동함으로써 국내법인세의 부담을 피하는 행위를 들 수 있다.[1] 조세회피행위는 과세를 미리 피하는 적법한 방편이지만 세법의 흠결을 틈타 납세의무를 회피한다는 점에서 국가의 과세권을 실질적으로 침해한다. 절세가 형식적·실질적 합법이라면, 조세회피는 형식적 합법, 실질적 위협이라고 대조지을 수 있다. 조세회피는 조세채권을 침해 또는 위태화하는 것은 아니고 국가의 일반적인 과세권을 위태화하는 행위이다. 또 다르게 보면 절세가 통상적인 (조세부담을 지는 행위를 조세부담을 줄이는 행위로 대체한다는 점에서) 대체행위라면, 조세회피는 비통상적인 대체행위이다. 왜냐하면 조세회피는 조세법의 흠결을 틈타는 행위라는 점에서 그 빈도수에 있어 절세보다 적고 그런 점에서 비통상적인 일탈행위가 된다.

---

1) 이에 관한 논의로 신동환, "초국가적 조세피난과 다국적기업의 이전가격조작에 대한 형법정책적 고찰" (고려대학교 석사학위논문, 2007) 참조.

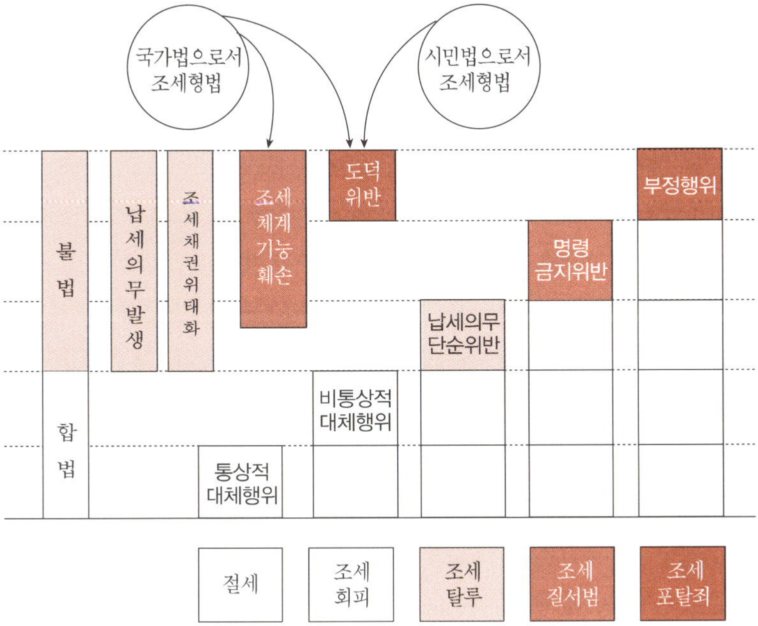

2. 위법한 조세일탈행위

납세의무를 위반하여 조세채권을 침해 또는 위태화하는 행위들은 위법한 조세일탈행위가 된다. 조세형법은 '위법한' 조세일탈행위들을 대상으로 그 중요성을 평가하여 범죄행위로 삼는다.

(1) 조세탈루

세무실무에서 널리 사용되는 '조세탈루'는 납세의무를 면하는 모든 행위를 포괄하는 개념이다. 조세탈루를 줄여서 탈세라고 부를 수 있다. 사전적으로 탈세(脫稅)는 조세포탈과 동의어로 취급되지만 합법적인 절세와 조세회피와 대응하는 위법한 행위들의 총칭으로서 사용되는 것이 더 합리적이다. ① 탈세행위 가운데 가장 약한 일탈행위로는 단순 미신고나 과소신고를 들 수 있다. 이들 행위는 원칙적으로 형사처벌 되지는 않지만 가산세가 부과되는 제재의 대상이 된다. ② 이보다 더 강한 조세일탈행위로 법적으로 조세포탈죄에 해당하지 않는, 그러나 조세포탈죄의 문턱에 가까이 가 있는 조세일탈행위들이 있다. 예컨대 컴퓨터에 거래내역을 저장·보관하면서 사업자등록을 하지 않고 장부를 비치하지 않고 소득신고도 하지 않은 행위[2]는 아직 조세포탈행위가 되지는 않는다. 이런 행위들도 넓은 의미에서 조세탈루에 속한다. 조세탈루행위는 조세채권을 침해 또는 위태화하지만 조세(징수)체계의 기능을 직접 위태화하지는 않는다는 점에서 조세질서범이나 조세포탈죄와 구별된다.

(2) 조세질서범과 조세포탈죄

조세체계는 조세당국의 행정활동, 조세관련지식을 생산하고 사용하는 전문가(예: 변호사, 공인회계사, 세무사) 그리고 납세자들 사이의 상호작용에 의하여 형성된다. 조세당국의 행정활동을 방해하거나 위태화하는 행위들, 각종 명령의 위반행위들은 납세의무를 위반하고, 조세채권을 위태화하며, 조세체계의 기능을 위태화한다는 점에서 절세, 조세회피, 조세탈루와 구별된다. 이 행위들은 사기 기타 부정한 방법을 사용하는 바와 같은 반(反)도덕적인 행위반가치를 갖고 있지는 않은 점에서 조세포탈과 구별되며, 조세포탈보다 약한 조세일탈행위가 된다.

2) 대판 2000.4.21, 99도5356.

이에 비해 조세포탈죄는 조세일탈행위 가운데 가장 중대한 일탈행위다. 조세포탈행위는 납세의무의 면탈, 조세채권의 침해나 위태화, 조세체계의 기능 위태화 그리고 더 나아가 '사기 기타 부정한 행위'라는 반도덕적인 행위반가치를 띤다. 바로 그런 점에서 조세형법의 통제대상이 된다. 조세범처벌법이 구축하는 조세범죄들은 조세포탈죄를 기본구성요건으로 하여 파생시킨 구성요건이라고 할 수 있다. 그런 점에서 조세범죄는 곧 조세포탈죄라고 불러도 지나치지 않다.

II. 조세범의 불법구조

1. 조세포탈죄의 불법구조

조세형법의 중심인 조세포탈죄의 구성요건은 조세범처벌법 제9조, 각종 국세관련법 그리고 특정범죄 가중처벌 등에 관한 법률 제8조에 의하여 형성된다.

(1) 구성요건

조세포탈죄의 기본구성요건은 조세범처벌법 제9조에 의해 설립된다.

> [조세범처벌법 제9조] ① 사기 기타 부정한 행위로써 조세를 포탈하거나 조세의 환급·공제를 받은 자는 다음 각호에 의하여 처벌한다. 단, 주세포탈의 미수범은 처벌한다.
> 1. 개별소비세·주세 또는 교통·에너지·환경세의 경우에는 3년

이하의 징역 또는 포탈세액, 환급·공제받은 세액의 5배 이하에 상당하는 벌금에 처한다.
2. 인지세의 경우에는 증서·장부 1개마다 포탈세액의 5배 이하에 상당하는 벌금 또는 과료에 처한다.
3. 제1호 및 제2호에 규정한 이외의 국세의 경우에는 3년 이하의 징역 또는 포탈세액이나 환급·공제받은 세액의 3배 이하에 상당하는 벌금에 처한다.

(가) **구조적 요소** 여기서 조세를 포탈(逋脫)한다는 것은 '사기 기타 부정한 행위로써' 납세의무를 피하여 조세를 탈루시키는 것(납세의무의 면탈)을 말한다. ① 또한 이때 조세는 관세를 제외한 국세를 말한다(제2조). 국세란 국세기본법 제2조 1호가 규정하는 국세, 즉 국가가 부과하는 조세 중 소득세·법인세·상속세·증여세·부가가치세·개별소비세·주세·인지세·증권거래세·교육세·교통세·농어촌특별세·종합부동산세를 말한다. ② 납세의무를 부과하는 각종 국세관련법(예: 소득세법, 법인세법 등)은 조세포탈죄의 '금지의 실질'(Materie des Verbots)이 되고, ③ 조세범처벌법 제9조는 이 금지의 실질에다 '사기 기타 부정한 행위로써'라는 행위반가치(Handlungsunwert)의 표지를 더함으로써 형사불법을 형성한다. 납세의무의 위반이 단순히 과세권이나 조세채권에 대한 침해를 넘어 조세포탈죄라는 범죄가 되는 것은 '사기 기타 부정한 행위'를 사용하였다는 반도덕성에 기초한다.

(나) **사기 기타 부정한 행위** 조세포탈죄에서 가장 중요한 핵심표지는 "사기 기타 부정한 행위"의 개념이 된다. 판례는 이를 적극적 부정행위라고 개념화한다. 즉, 조세포탈죄는 '사기에 버금갈 정도로 적극적인 반가치적 행위'로써 조세를 포탈할

때 성립하게 된다. 그러나 조세포탈죄의 도덕적 양면성[3]을 고려한다면, 그리고 적극적 부정행위의 개념이 불명확하여 죄형법정주의의 약화를 가져온다는 점을 고려할 때, 부정한 행위의 개념표지는 적극성과 부정성 이외에 또 다른 개념표지를 추가할 필요가 있다. 그런 추가의 표지로서 이득성과 목적성을 들 수 있다. 즉 조세포탈죄는 재산범(예: 사기죄)에 준하여 이득행위가 있어야 하고, 더 나아가 조세포탈죄의 불법의 실질을 이루는 개별 세법상의 입법취지에 부합하는 행위로서의 성격(목적성)이 있어야 한다.

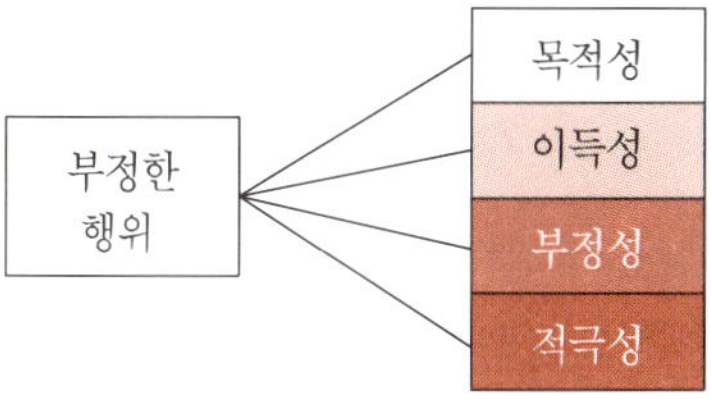

ㄱ) 적극성 첫째, "어떤 다른 행위가 수반됨이 없이 단순히 세법상의 신고를 하지 아니하거나 허위의 신고를 함에 그치는 것"[4]은 판례의 입장처럼 이에 해당하지 않는다. 따라서 상속받은 차명주식을 매도하여 현금화하고 이를 사용하는 행위는 조세포탈이 되지 않는다. 또한 적극성이란 작위행위만이 아니라 부작위행위에 의해서도 실현된다. 예컨대 "사업자등록, 장부의 비치·기장을 하지 않고, 매입시 세금계산서 발행과 매출시 부가가치세 확정 신고를 하지 않은 행위"[5]는 부작위에 의한

3) 이에 관해 자세히는 뒤의 [2].I.2. 참조.

4) 대판 2000.4.21, 99도5355; 2003.2.14, 2001도3797.

적극적 부정행위가 된다.

ㄴ) 부정성　　둘째, 부정한 행위란 법문언은 일반조항(Generalklauseln)의 형식이지만 "사기 기타"라고 함으로써, '사기에 준하는 반가치적 행위'를 가리킨다. 따라서 부정한 행위는 실질적으로는 '가치충전필요개념'(Wertausfüllungsbegriff)이 된다. 부정성의 의미를 구성하는 (사기에 버금가는) '반가치성'(unwert)에 대한 판단에는 법관의 주관적인 가치관점이 능동적으로 작용할 수밖에 없다. 판례는 다음과 같이 그런 가치관점을 "사회통념" 또는 "사회일반의 실질적인 납세윤리"[6]라고 규정한다.

> "사기 기타 부정한 행위라고 함은 조세의 포탈을 가능케 하는 행위로서 사회통념상 부정이라고 인정되는 행위를 말하는 것으로 조세의 부과·징수를 불능 또는 현저히 곤란하게 하는 위계 기타 부정한 적극적 행위."[7]

그러나 이는 부정한 행위의 판단에 개입하는 법관의 가치관점이 주관적인 것이 아니라 객관적인 것임을 강조하는 수사학이다. 부정행위를 인정한 사례와 부정한 사례의 대표적인 경우를 비교해보면 이를 쉽게 알 수 있다.

---

5) 대판 1988.2.9, 84도1102.

6) 권순익, "조세범처벌법 제9조 제1항에 규정된 '사기 기타 부정한 행위'의 의미," 『대법원판례해설』 (통권 제56호, 2005년 상반기), 562~572쪽 참조.

7) 대판 1977.5.10, 75도4078 이후 일관된 대법원의 입장임.

부정행위를 인정한 사례	부정행위를 부정한 사례
ⓐ 구체적으로 허위장부의 작성·비치를 통하여 매출액과 수입액을 누락하고 경비를 과다계상한 경우[8] ⓑ 사업자등록 명의를 차용하여 유흥주점을 경영하면서 수입을 숨긴 경우[9] ⓒ "사업자등록, 장부의 비치·기장을 하지 않고, 매입시 세금계산서 발행과 매출시 부가가치세 확정신고를 하지 않은 행위"에 대하여 본죄 성립을 인정[10](부작위에 의한 부정행위) ⓓ 차명계좌의 이용행위에 적극적 은닉의도가 나타나는 사정이 덧붙여진 경우[11] ⓔ 면세금지금 거래승인을 취득한 회사들을 구하여 폭탄업체로 운영하면서 부가가치세를 납부하지 않기 위해 거래 직후 회사 예금잔액을 현금으로 인출하는 한편 과세표준 등의 신고 없이 폐업한 경우[12] ⓕ 부동산매매회사의 경영자가 토지 등의 매매금액을 감액하여 허위내용의 매입·매출장부를 작성하고, 그 차액을 차명계좌에 보관하는 한편 장부상 금액을 기준으로 법인세 과세신고를 한 경우[13] ⓖ 과세대상의 미신고나 과소신고와 아울러 장부상의 허위기장 행위, 수표 등 지급수단의 교환반복 행위, 여러 개의 차명계좌를 반복적으로 이용하는 행위 등 적극적 은닉의도가 나타나는 사정이 덧붙여진 경우[14]	ⓞ 납세신고를 하지 아니하여 사업자등록이 말소된 이후 새로 사업자등록을 하지 않고[15] 미술품중개업을 하면서 납세신고를 하지 않은 경우[16] ⓟ 법령상 매입세액 공제를 받을 수 없는 것이 분명한 거래를 부가가치세 신고시 매입세액 공제대상으로 허위신고한 경우[17] ⓠ 컴퓨터에 거래내역을 저장·보관하면서 사업자등록을 하지 않고 장부를 비치하지 않고 소득신고도 하지 않은 경우[18] ⓡ 특수관계자들로부터 주식을 시가보다 고액으로 매수하면서 그 고가매수사실이 발각되지 않기 위하여 매수일자를 소급한 매매계약서와 회계장부를 작성하는 등으로 소득금액을 줄임으로써 그에 해당하는 세금을 면한 경우[19]

8) 대판 1992.3.10, 92도147; 1989.9.26, 89도238.

ⓘ 상속·증여받은 부동산을 상속·증여세 포탈을 위하여 매수한 것처럼 가장한 경우[20]	ⓢ 법인이 이전부터 보유하고 있던 차명주식 등 부외자산을 당해 사업연도에 이르러 비로소 법인의 회계장부에 계상하면서 마치 이를 그 해에 새로 매수하는 것처럼 회계처리하는 방법으로 금원을 인출하여 법인의 비자금 관리계좌에 입금함으로써 동액 상당의 현금자산을 법인의 회계장부 밖으로 유출한 경우[21]

'부정성'의 요소를 인정한 사례와 인정하지 않은 사례 사이를 나누는 기준은 법적으로 세분화된 기준이라기보다 윤리적

9) 대판 2004.11.12, 2004도5818; 2001.12.11, 2001도5048.
10) 대판 1988.2.9, 84도1102.
11) 대판 1999.4.9, 96도667.
12) 대판 2007.10.11, 2007도5577.
13) 대판 2007.10.11, 2007도4697.
14) 대판 2007.8.23, 2006도5041.
15) 단순히 사업자등록을 하지 않는 행위도 부정한 행위에 해당되지 않는다고 본 판례로 대판 2000.4.21, 99도5355.
16) 대판 2003.2.14, 2001도3797.
17) 대판 2001.9.25, 2000도1514.
18) 대판 2000.4.21, 99도5356.
19) 대판 2002.6.11, 99도2814; 이렇게 본 이유는 위 소득금액이 조세범처벌법 제9조의2 제1호 소정의 세무회계와 기업회계와의 차이로 생긴 금액이기 때문임.
20) 대판 1984.6.26, 81도2388.
21) 대판 2005.1.14, 2002도5411.

직관이라 할 수 있다. 그렇기 때문에 범죄구성요건의 보장적 기능에 대한 우려의 목소리[22]가 사라지기 어렵다.

ㄷ) 이득성 여기서 부정한 행위의 개념표지로서 이득성의 요소가 추가될 필요가 있다. 이득성은 납세를 피함으로써 얻는 이익(포탈세액)을 넘어서는 이익을 취득하려는 행위와 그 의사를 가리킨다. 예컨대 차명주식을 매도하여 현금으로 인출한 후 다시 다른 차명증권계좌로 분산 입금하는 행위를 반복함으로써 (탈세액 이외의) (적절한 주식매수 · 매도행위를 통해) 시세차익을 얻는 행위를 들 수 있다. 이는 조세포탈죄를 (장물죄에서와 같이) 기술적 의미의 재산범으로 해석한 것이라 할 수 있다. 이를 테면 사기죄는 타인의 손해를 통해 타인의 재산을 취득하는 이득죄이다. 독일에서는 조세포탈죄(Steuerhinterziehung)는 "사기죄의 특수한 형태"[23](spezielle Form des Betrugs)로 이해되고 있다. 이때 이득(Bereicherung)은 납세를 피함으로써 자신의 재산이 감소하는 것을 막는 데에 그치지 않고, '타인의 재산영역에 들어가 그의 재산을 자신의 재산영역으로 가지고 오는 것'을 말한다. 물론 납세를 피하는 행위가 조세채권이라는 국가의 재산영역에 들어가는 행위이긴 하지만 조세채권의 침해[24]는 조세포

22) 예컨대 이태로 · 안경봉, 『조세법 강의』 (박영사, 신정3판), 783쪽 참조.

23) Erwin Künster, Wirtschaftsstrafrecht (Müller-Gugenberger/Bieneck 편) (3.Aufl. 2000), 1123쪽 참조.

24) 물론 조세포탈죄는 과세요건의 충족을 전제로 할 때만 조세채권의 침해가능성도 인정되고, 과세요건이 충족되지 않는 경우에는 애당초 조세포탈죄가 성립하지 않는다. 이에 관한 대판 2005.6.10, 2003도5631("조세포탈죄는 납세의무자가 국가에 대하여 지고 있는 것으로

탈행위(기수)에 의하여 이루어지는 결과라는 점을 간과해서는 안 된다. 그렇기에 조세포탈죄는 사기죄와 달리 위태범으로 볼 여지가 생긴다. 하지만 포탈행위에 의해 잠재적인 조세채권의 침해가 일어난다는 점에서 여전히 결과범으로 볼 수 있다.

이와 같은 이득성의 요건에서 보면 위 판례사안에서 부정행위를 인정한 사례군에서도 예컨대 ⓘ 사례나 ⓢ 사례처럼 '타인의 재산영역'을 침범하지 않고 납세부담을 면하는 행위는 조세포탈죄의 '부정한 행위'에 해당하지 않는다고 보아야 한다.

ㄹ) 목적성 부정한 행위의 또 다른 개념표지로서 적극적이며 부정적인 이득행위가 그 행위 밖의 일정한 목적을 추구하는 것일 때 비로소 부정한 행위를 인정할 수 있는 예외적인 경우도 있다. 조세포탈죄는 "~할 목적으로"라는 문언이 없으므로 형식적으로는 목적범은 아니다. 판례도 같은 입장이다. 그러나 부정한 행위는 조세포탈죄의 금지의 실질인 각종 세법이 설정하는 금지의 목적(또는 입법취지 ratio legis)을 실현하는 행위라는 측면이 있다.

> 예컨대 대주주만 부담하는 상장주식양도세의 납부의무는 '변칙증여의 방지'라는 목적(입법취지)을 위한 것이다. 대주주가 상속받은 차명주식을 매도하고 차명증권계좌에서 현금을 인출하여 다른 차

인정되는 일정액의 조세채무를 포탈한 것을 범죄로 보아 형벌을 과하는 것으로서, 조세포탈죄가 성립하기 위하여는 조세법률주의에 따라 세법이 정한 과세요건이 충족되어 조세채권이 성립하여야만 되는 것이므로, 세법이 납세의무자로 하여금 납세의무를 지도록 정한 과세요건이 구비되지 않는 한 조세채무가 성립하지 않음은 물론 조세포탈죄도 성립할 여지가 없다") 참조.

명계좌에 분산 입금하는 행위를 반복하는 것이 상장주식양도세포탈죄가 되려면 그런 차명주식거래가 변칙증여의 목적을 위해 이루어진 것이어야 한다.[25] 왜냐하면 그런 목적이 없다면 소득세법에 규정된 금지의 실질이 실현된 것이 아니고, 따라서 조세포탈의 불법구성요건도 실현될 수 없는 것이기 때문이다.

다시 말해 조세포탈죄로 처벌하려는 부정한 행위가 납세의무를 부과하는 세법규정의 목적을 실현할 수 없게 만드는 것이어야 한다. 또한 부정한 행위가 어떤 목적을 추구해야 하는 것인지는 조세포탈죄규정에서 나오는 것이 아니라 다양한 세법규정의 목적에서 나오는 것이고, 이는 세법해석에 의해 밝혀지는 것이다. 바꿔 말해 조세포탈죄의 규범영역(Normbereich)은 납세의무를 근거짓는 세법규정의 목적에 의해 그 반경이 제한될 수 있다.

(2) 제 재

조세포탈행위에 대한 법적 제재는 징역형과 벌금이다. 조세범처벌법 제9조 제1항은 형벌은 3년 이하의 징역 또는 포탈세액의 최대 3배(개별소비세 등과 인지세의 경우엔 5배) 이하에 상당하는 벌금형에 처한다. 또한 벌금과는 별도로 포탈(환급·공제)세액도 즉시 징수된다(제9조 제2항). 포탈세액의 계산에서 소득금액과 관련해서는 ① 법에 의한 소득금액결정에 있어서 세무회계와 기업회계의 차이로 인하여 생긴 금액, ② 법인세의 과세표준을 법인이 신고하거나 정부가 결정 또는 경정함에 있

25) 이런 해석으로 아래 [5].III.2.(2) 참조.

어서 그 법인의 주주·사원·사용인 기타 특수한 관계에 있는 자의 소득으로 처분된 금액은 '사기 기타 부정한 행위로 인하여 생긴 소득금액으로 보지 아니한다'(제9조의2). 징역과 벌금은 선택형이 원칙이다. 그러나 '정상에 의하여 징역과 벌금을 병과할 수 있다'(제5조). 이 벌금의 병과는 임의적 사항이다.

> [조세범처벌법 제5조 (징역과 벌금의 병과)] 제8조, 제9조, 제11조의2 제4항 및 제5항, 제11조의3, 제12조의2 및 제12조의3 제2항 및 제3항의 범칙행위를 한 자에 대하여는 정상에 의하여 징역과 벌금을 병과할 수 있다.

(3) 특가법의 형벌가중

그런데 조세포탈액의 규모가 커지면 다음과 같은 특정범죄 가중처벌 등에 관한 법률 제8조가 적용된다. 포탈세액이 10억원 이상인 때에는 무기 또는 5년 이상의 징역에 처한다. 따라서 작량감경(酌量減輕, 형법 제53조)을 적용할 때에만 집행유예를 선고할 수 있게 된다. 포탈세액이 5억원 이상 10억원 미만인 때에는 3년 이상의 유기징역에 처한다. 또한 벌금은 포탈세액의 2배 이상 5배 이하에 처하며, 임의적 병과규정인 조세범처벌법 제5조와 달리 벌금은 자유형과 반드시 '병과'(倂科)하여야 한다.

> [특정범죄 가중처벌 등에 관한 법률 제8조 (조세포탈의 가중처벌)]
> ① 조세범처벌법 제9조 제1항에 규정된 죄를 범한 자는 다음의 구분에 따라 가중처벌한다. 1. 포탈하거나 환급받은 세액 또는 징수하지 아니하거나 납부하지 아니한 세액(이하 "포탈세액 등"이라 한다)이 연간 10억원 이상인 때에는 무기 또는 5년 이상의 징역에 처한다. 2. 포탈세액 등이 연간 5억원 이상 10억원 미만인

때에는 3년 이상의 유기징역에 처한다. ② 제1항의 경우에는 그 포탈세액 등의 2배 이상 5배 이하에 상당하는 벌금을 병과한다.

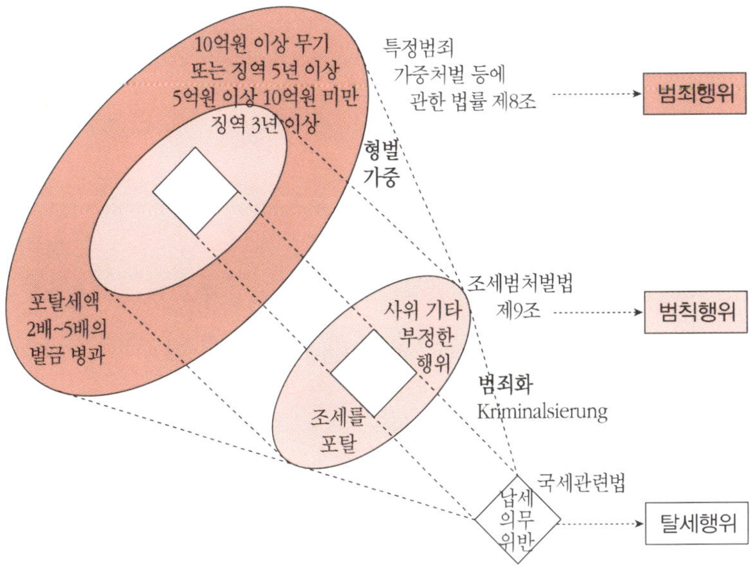

특가법 제8조의 특징은 오로지 포탈세액의 규모, 즉 결과반가치(Erfolgsunwert)의 차이만을 기준으로 법정형을 가중한다는 점에 있다. 예컨대 포탈방법(행위양태), 포탈률(포탈액 ÷ 납세의무액)과 같은 행위반가치는 특가법상 조세포탈죄의 성립요건이 되지 않는다. 특가법 제8조가 적용되는 사안은 조세범처벌법상의 犯則事件(조세범처벌법 제6조)에서 제외되고 조세당국(국세청장 · 지방국세청장 · 세무서장 · 세무공무원)의 고발 없이 처벌이나 소추가 가능한 범죄행위가 된다(특가법 제16조). 오늘날 조세포탈죄에 대한 형사처벌 자체의 정당성에 대해서는 거의 의문이 제기되지 않는다. 선진각국이 조세포탈을 범죄로 처벌하고 있다. 그러나 그 제재의 적정성에 대해서는 위헌성 논란[26]이 끊이지 않는다. 그렇기에 조세포탈죄의 해석과 적용에서 형법 이론적 엄밀논증을 통해 헌법합치적인 해석을 해 나아가는 작업이 가장 중요하고 실천적인 과제로 등장한다.

2. 기타 조세범죄의 불법유형

조세범처벌법 제2장은 조세포탈죄 이외에도 다수의 범죄행위(犯則行爲)를 규정하고 있다. 일부는 특정범죄가중처벌 등에 관한 법률이 적용되기도 한다. 아래서는 먼저 이 범칙행위들을 목록화하고, 그 주요내용을 간략히 개관해본다.

(1) 근로소득원천징수영수증 거짓기재교부죄

> [제11조의3 (근로소득 원천징수영수증 거짓 기재 교부 등)] ① 근로를 제공받지 아니하고 다음 각 호의 어느 하나에 해당하는 행위를 한 자는 3년 이하의 징역 또는 그 원천징수영수증 및 지급명세서에 기재된 총급여·총지급액의 100분의 20 이하에 상당하는 벌금에 처한다.
> 1. 근로소득 원천징수영수증을 거짓 기재하여 타인에게 교부한 행위
> 2. 근로소득 지급명세서를 거짓 기재하여 정부에 제출한 행위
>
> ② 제1항의 행위를 알선하거나 중개한 자도 제1항의 형과 같다.

근로를 제공받지 않고 거짓으로 근로소득 지급명세서를 제출하거나 근로소득원천징수영수증을 타인에게 교부하는 행위는

26) 이에 대해서는 아래 [2].III. 단락 참조.

'사실상' 조세를 포탈(의 구체적 위험을 초래)하게 되므로, 사기 기타 부정한 방법에 버금가는 행위불법을 구성하여 범칙행위로 처벌한다.

(2) 무면허주류제조죄

주세법상 면허(주세법 제6조, 제8조)를 제조장 및 판매장별로[27] 받지 않고[28] 주류의 제조와 판매를 하면 '사실상' 주세를 포탈(의 구체적 위험을 초래)하게 되므로, 무면허 영업 자체가 사기 기타 부정한 방법에 버금가는 행위불법을 구성하여 범칙행위로 처벌한다.

> [제8조 (무면허주류제조)] ① 법에 의한 면허를 받지 아니하고 주류, 밑술·술덧을 제조(개인의 자가소비를 위한 제조를 제외한다) 또는 판매한 자는 3년 이하의 징역 또는 300만원 이하의 벌금에 처한다. 다만, 밑술 및 술덧은 탁주로 간주한다. 이 경우에 당해주세상당액의 3배의 금액이 300만원을 초과할 때에는 그 초과한 금액까지 벌금을 과할 수 있다. ② 삭제, ③ 제1항의 경우에 있어서 그 제조물품에 대한 세액은 제조자로부터 즉시 징수한다.

(3) 체 납 죄

> [제10조] 납세의무자가 정당한 사유 없이 1회계연도에 3회 이상 체납하는 경우에는 1년 이하의 징역 또는 체납액에 상당하는

---

27) 주세법상 면허는 제조장 및 판매장별로 받아야 하므로 면허받은 제조 판매장소가 아닌 장소에서 제조 판매한 경우도 무면허주류판매에 해당한다(대판 1975.12.23, 75도2553).

28) 주류판매업면허 정지처분을 받고 그 기간 중에 한 주류판매행위도 무면허 주류판매에 해당한다(대판 1995.6.30, 95도571).

벌금에 처한다.

납세의무자가 '정당한 사유 없이'[29] (예산회계법상의 국가 회계연도를 기준으로) 1회계연도(현재 매년 1.1.~12.31.)에 3회 이상[30] 체납하는 행위는 체납의 상습성을 근거로 ―사기 기타 부정한 방법에 의한 조세포탈보다는 약하지만― 형사불법을 구성하여 범칙행위로 처벌한다.

(4) 원천징수의무위반죄

[제11조] 조세의 원천징수의무자가 정당한 사유 없이 그 세를 징수하지 아니하거나 징수한 세금을 납부하지 아니하는 경우에는 1년 이하의 징역 또는 그 징수하지 아니하였거나 납부하지 아니한 세액에 상당하는 벌금에 처한다.[31]

---

29) 정당한 사유란 "천재, 지변, 화재, 전화 기타 재해를 입거나 도난을 당하는 등 납세자가 마음대로 할 수 없는 사유는 물론 납세자 또는 그 동거가족의 질병, 납세자의 파산선고, 납세자 재산의 경매개시 등 납세자의 경제적 사정으로 사실상 납세가 곤란한 사유도 포함한다"(대판 2000.10.27, 2000도2858).

30) 체납횟수는 적법하게 송달·통지된 납세고지서 1통을 1회로 계산한다. 한 납입고지서에 여러 개 조세가 기재되었어도 1회의 체납횟수가 인정된다(대판 2001.2.13, 2000도5725).

31) 미국에서 원천징수의무위반죄는 Internal Revenue Code 제75장 제7202조에서 규율된다. "누구든지 이 법에 의하여 조세를 징수하여 그 명세서를 작성, 기입할 자가 이를 고의적으로 징수하지 아니하거나 성실하게 명세서를 작성하여 납부하지 아니하는 경우에는 이를 중죄로 취급하되, 법에 의한 여타 처벌에 병행하여 확정판결에 의하여 1만불 이하의 벌금 또는 5년 이하의 징역에 처하거나 이를 병과할 수 있다"(Any person required under this title to collect, account for,

소득세법, 법인세법, 농어촌특별세법 등에 ―그 징수할 세의 (원천)납세의무자가 아니지만, "조세징수의 편익"[32]을 도모하기 위하여― 규정된 원천징수의무자가 '정당한 사유 없이' 그 세를 징수하지 아니하거나(不徵收의 예: 법인 임원에 대한 생활비 등 부외인건비, 퇴직위로금 지급 등) 징수한 세금을 납부하지 않는(不納付) 행위는 소득세법상 원천징수 불성실가산세(소득세법 제158조 등) 이외에 형벌로 위협되는 범칙행위가 된다.

(5) 결손금과대계상죄

[제12조의3] ③ 법인의 결손금액을 과대계상한 자는 2년 이하

---

and pay over any tax imposed by this title who willfully fails to collect or truthfully account for and pay over such tax shall, in addition to other penalties provided by law, be guilty of a felony and, upon conviction thereof, shall be fined not more than $10,000, or imprisoned not more than 5 years, or both, together with the costs of prosecution). 벌금 병과 규정, 5년 이하의 징역형 등, 우리나라 규정보다 무거운 측면이 있는 반면, 벌금형은 1만불(약 1천300만원)이하로 규정되어, 사안에 따라 우리나라 규정보다 가벼울 수도 있다.

32) "급료를 지급하는 자에 대하여 조세징수의 편익을 도모하기 위하여 근로자가 납부할 갑종근로소득세를 원천징수하여 납부하도록 규정한 것을 헌법에 위반된다고 할 수는 없는 것"(대판 1989.1.17, 87누551·552)이다. 하지만 타인이 소득에 대해 국가의 주세징수사무를 무보상으로 대신해주는 원천징수의무자의 의무위반이 범죄가 되어야 하는가라는 의문이 불식되지 않는다. 보상의 문제는 별론으로 하고 위탁된 원천징수의무를 이행하지 않으면 근로소득자의 소득세 탈세가 광범위하게 일어날 수 있다는 점에서 원천징수제도는 합리성이 있고, 그 제도 안에서 위탁사무를 신의성실에 따라 이행하지 않는 것은 간접적으로 조세를 포탈하게 하는 것과 유사하다.

의 징역 또는 과대 계상한 결손금액을 과세소득금액으로 보아 계산한 산출세액의 3배 이하에 상당하는 벌금에 처한다.
④ 제9조의2와 제9조의3의 규정은 전항의 경우에 이를 준용한다.

(가) 불법내용 법인에 결손금(총손금이 총익금을 초과하는 금액부분)이 있으면 그 다음 사업연도 이후 5년간의 과세기간 중 과세표준에서 결손금이 공제되므로, 과세표준 및 세액신고서에 기재하는 결손금을 과대계상[33]하는 것은 국가의 조세(법인세)채권을 침해하는 행위가 된다. 이런 행위가 '사기 기타 부정한 행위'(예: 매출누락, 비용과대계상)가 있으면(제12조의3 제2항/제9조의2와 3 준용) 조세포탈죄에 상응하는 불법유형을 가지게 된다. 물론 조세포탈이 과세소득의 포탈인 반면, 결손금과대계상죄는 소득 대신 결손을 신고한다는 점에서 실행행위가 차이난다. 따라서 결손금과대계상죄는 조세포탈죄의 독자적 변형구성요건이라 할 수 있다.

(나) 조세포탈죄와의 관계 우리나라의 이월공제원칙에 따르면 이월공제기간이 장기간이면 조세포탈의 결과가 발생하지 않으므로 결손금의 과대계상 자체를 별도로 처벌하는 것이다(위험범). 따라서 결손금이 이월되어 다음 사업연도의 과세표준을 산출할 때 공제되어 조세포탈의 결과를 초래하면 조세포

33) 과대계상에는 세무조정에 의한 인정이자액을 누락시키고 신고하지 않는 행위는 포함되지 않는다. 그런 이자액은 실제로 발생한 익금이 아니기 때문이다. 그러나 이에 대해 세법상 결손의 산출에 포함되는 세무조정사항인 익금산입, 손금불산입사항의 계상을 결손금의 과대계상에서 제외할 것이 아니라고 보는 견해[안대희, 『조세형사법』 (법문사, 2005), 118쪽]도 있다.

탈죄가 성립하고 결손금과대계상죄는 흡수된다. 그러나 조세포탈죄로 조세당국의 고발을 받았지만 수사로써 밝혀진 사실이 결손금과대계상이라면 그에 대한 조세당국의 고발 없이는 형사처벌할 수 없다.

(6) 체납처분면탈죄

> [제12조] ① 체납자 또는 체납자의 재산을 점유하는 자가 조세를 면탈할 또는 면탈케 할 목적으로써 그 재산을 장닉탈루하거나 또는 허위의 계약을 하였을 때에는 2년 이하의 징역에 처한다.
> ② 압수물건의 보관자가 그 보관한 물건을 장닉탈루, 소비 또는 훼손하였을 때에도 전항과 같다.
> ③ 그 정을 알고 전2항의 행위를 방조하거나 제1항의 허위의 계약을 승낙한 자는 1년 이하의 징역에 처한다.

조세징수권은 체납자의 사해행위를 취소할 수 있게 한 국세징수법 제30조에 의해 충분히 보호되지 않는다.

(가) 체납처분면탈죄 체납처분의 대상이 되는, 바꿔 말해 국세징수법상 압류와 환가의 대상이 되는 재산의 장닉(=은닉)·탈루(예: 소유권의 이전), 허위계약(예: 재산의 허위양도, 채무의 허위부담)의 행위는 조세의무의 강제적 이행을 면탈시킬 구체적 위험을 발생시키는 행위이다. 이 행위가 조세포탈죄의 실행행위에 속하는 '조세포탈'을 목적으로 삼고 있을 때 체납처분면탈죄가 된다.

(나) 압수물건장닉죄 또한 압수물건의 장닉·탈루죄(제12조 제2항)는 압수물건을 제3자에게 보관시킬 때 성립할 수 있지만, 현재 압수물건은 세무관서에서 보관하므로 거의 적용되지

않는 규정이다.

(다) 체납체분면탈방조죄 체납재산의 장닉·탈루행위 또는 압수물건의 장닉·탈루행위임을 알고 방조하거나 허위의 계약을 승낙한 자는 체납처분면탈방조범이 되지만 조세범처벌법은 처벌규정(제12조 제3항)을 따로 마련하고 있다.

(7) 세금계산서관련의무위반죄

[제11조의2 (세금계산서 교부 의무위반 등)] ① 부가가치세법의 규정에 의하여 세금계산서를 작성하여 교부하여야 할 자와 매출처별세금계산서합계표를 정부에 제출하여야 할 자가 다음 각 호의 어느 하나에 해당하는 경우에는 1년 이하의 징역 또는 공급가액에 부가가치세의 세율을 적용하여 계산한 세액의 2배 이하에 상당하는 벌금에 처한다.

1. 세금계산서를 교부하지 아니하거나 허위기재하여 교부한 경우
2. 매출처별세금계산서합계표를 허위기재하여 제출한 경우

② 부가가치세법의 규정에 의하여 세금계산서를 교부받아야 할 자와 매입처별세금계산서합계표를 정부에 제출하여야 할 자가 폭행·협박·선동·교사 또는 통정에 의하여 세금계산서를 교부받지 아니하거나 허위기재의 세금계산서를 교부받은 때 또는 허위기재한 매입처별세금계산서합계표를 제출한 때에는 3년 이하의 징역 또는 100만원 이하의 벌금에 처한다.

③ 제2항 외의 자가 세금계산서를 작성하여 교부하여야 할 자로 하여금 세금계산서를 교부하지 아니하게 하거나 허위의 기재를 하게 할 목적 또는 매출처별세금계산서합계표를 정부에 제출할 자로 하여금 매출처별세금계산서합계표를 허위기재하여 제출하게 할 목적으로 폭행·협박·선동·교사한 때에도 제2항과 같다.

④ 부가가치세법의 규정에 의한 재화 또는 용역을 공급하지 아니하고 다음 각 호의 어느 하나에 해당하는 행위를 한 자는 3년 이하의 징역 또는 그 세금계산서 및 계산서에 기재된 공급가액이나 매

출처별세금계산서합계표·매입처별세금계산서합계표에 기재된 공급가액 또는 매출처별계산서합계표·매입처별계산서합계표에 기재된 매출·매입금액에 부가가치세의 세율을 적용하여 계산한 세액의 2배 이하에 상당하는 벌금에 처한다.

1. 부가가치세법의 규정에 의한 세금계산서를 교부하거나 교부받은 행위
2. 소득세법 및 법인세법의 규정에 의한 계산서를 교부하거나 교부받은 행위
3. 부가가치세법의 규정에 의한 매출·매입처별세금계산서합계표를 허위기재하여 정부에 제출한 행위
4. 소득세법 및 법인세법의 규정에 의한 매출·매입처별계산서합계표를 허위기재하여 정부에 제출한 행위

⑤ 제4항의 행위를 알선하거나 중개한 자도 제4항의 형과 같다.

[특정범죄가중처벌 등에 관한 법률 제8조의2 (세금계산서 교부의무위반 등의 가중처벌)] ① 영리의 목적으로 「조세범처벌법」 제11조의2 제4항 및 제5항의 죄를 범한 자는 다음의 구분에 따라 가중처벌한다.

1. 세금계산서 및 계산서에 기재된 공급가액이나 매출처별세금계산서합계표 또는 매입처별세금계산서합계표에 기재된 공급가액이나 매출·매입금액의 합계액(이하 이 조에서 "공급가액 등의 합계액"이라 한다)이 50억원 이상인 때에는 3년 이상의 유기징역에 처한다.
2. 공급가액등의 합계액이 30억원 이상 50억원 미만인 때에는 1년 이상의 유기징역에 처한다.

② 제1항의 경우에는 공급가액 등의 합계액에 부가가치세의 세율을 적용하여 계산한 세액의 2배 이상 5배 이하의 벌금을 병과한다.

세금계산서는 부가가치세의 납세의무자(사업자)가 거래상대방에게 작성·교부하는 세액의 계산과 거래의 증빙서류로서 사

업자에게는 매출세액의 증빙서류(예: 매출처별세금계산서합계표)가 되고 상대방에게는 매입세액의 공제를 통하여 부가가치세액의 과세자료(매입처별세금계산서합계표[34])가 된다. 세금계산서의 교부와 수령은 거래의 투명성을 촉진하고 근거과세원칙에 따른 조세행정의 기능을 보호한다. 이를 위해 다음과 같은 행위를 처벌한다.

(가) 세금계산서교부불성실죄 사업자등록을 하였고, 실제로 재화와 용역을 공급한[35] 사업자[36]가 거래시점에[37] 또는 고정거래처와의 거래에서는 매월 10일[38] 세금계산서를 (주로 일반소비자에 대하여) 교부하지 않거나 허위기재(예: 액수의 축소 또는 통정에 의한 과대기재, 거래일자의 허위)하여 교부하는 행위

(나) 세금계산서수취불성실죄 세금계산서(매입처별세금계산서합계표)를 정부에 제출하여야 할 자(국가·지방자치단체·지방자치단체조합, 부가가치세면세사업자 중 소득세·법인세납세의무자, 민법 제32조에 의한 법인, 특별법에 의해 설립된 법인, 각급학교 기성회·후원회 기타 이와 유사한 단체[39])가 세금계산서를 작성·교부

---

34) 부가가치세법 제20조는 세금계산서의 제출의무를 폐지하고 매입처별세금계산서합계표 제출의무만을 부과한다.

35) 판례는 실제로 재화를 공급하지 아니하여 부가가치세법상 세금계산서를 작성하여 교부할 수 없는 사업자는 제11조의2 제1항 1호의 행위주체가 되지 않으며, 또한 등록된 사업자와 공범이 되는 것도 아니라고 본다(대판 1994.6.28, 92도2417; 1996.3.8, 95도1738). 따라서 이 경우에 실물거래 없는 세금계산서 수수와 알선죄(제11조의2 제4항)가 적용된다.

36) 미등록사업자의 경우에는 부가가치세포탈죄가 성립할 수 있다.

37) 부가가치세법 제16조 제1항(세금계산서).

38) 부가가치세법시행령 제54조(세금계산서의 교부특례).

하여야 하는 사업자를 폭행 · 협박 · 선동 · 교사 · 통정에 의하여 세금계산서를 교부받지 않거나 또는 허위기재의 세금계산서를 교부받거나 허위기재한 매입처별세금계산서합계표를 제출하는 행위

(다) 세금계산서교부방해죄　　세금계산서(매입처별세금계산서합계표)의 교부불성실행위를 하게 할 목적으로 폭행 · 협박 · 선동 · 교사를 하는 행위

(라) 가공의 세금계산서 수수·알선죄　　부가가치세법상 사업자(예: 정상적인 사업자 이외에 위장가공사업자, 제3자 명의의 사업자등록을 한 자 포함)가 실물거래 없이 세금계산서를 교부하거나 교부받는 행위와 이를 알선하는 행위는 범칙행위로 처벌된다. 또한 가공의 세금계산서 수수 · 알선행위는 그 가공의 공급가액이나 매출매입의 합계액이 30억 이상일 때에는 특가법 제8조의 2에서 가중처벌 되는 '범죄행위'가 된다.

(8) 기장의무위반죄

> **[제12조의3 (기장의무위반 등)]**　① 부가가치세법(동법 제25조의 규정에 의하여 과세특례의 적용을 받는 자는 제외한다) · 「개별소비세법」 · 주세법 또는 「교통 · 에너지 · 환경세법」의 규정에 의한 장부를 비치, 기장하여야 할 자가 그 장부를 비치, 기장하지 아니한 때에는 50만원 이하의 벌금에 처한다.
> ② 조세포탈을 위한 증거인멸의 목적으로 다른 세법이 비치를 요하는 장부 또는 증빙서류를 당해 국세의 법정신고기한이 경과한

39) 부가가치세법 제20조(세금계산서합계표의 제출), 동법시행령 제67조(세금계산서합계표 제출의무자의 범위).

날부터 5년 이내에 소각·파기 또는 은닉한 자는 2년 이하의 징역 또는 500만원 이하의 벌금에 처한다.

(가) 간접세기장의무위반죄 거래에 대해 과세하는 간접세(부가가치세, 주세 또는 교통세)는 거래사실을 확인할 수 있게 해주는 장부비치와 기장이 없다면 그 간접세의 면탈이 쉬워지고, 정확한 과세가 어려워진다. 중요 간접세법(부가가치세법, 주세법, 교통세법)상 장부(예: 납부 또는 환부세액에 관계되는 거래사실을 기재한 장부)의 (사업장) 비치와 기장의 의무를 지닌 자(부가가치세법상 사업자,[40] 개별소비세법상 과세물품의 판매자·제조자와 과세장소·과세유흥장소의 경영자)[41]가 그 의무를 이행하지 않는다고 하여 직접적으로 조세가 면탈되는 것은 아니지만, 그런 불이행이 일반화될수록 그 간접세의 감손이 일어날 위험이 증대한다는 점에서 기장의무위반은 범칙행위로 처벌된다.

(나) 조세포탈목적 장부·증빙서류 소각·파기·은닉죄 조세포탈을 위한 증거인멸의 목적으로 세법상 비치할 장부[42](컴퓨터 파일이나 디스켓 포함)나 증빙서류[43](예: 신용카드매출전표, 세금계산

---

40) 부가가치세법 제31조(기장).

41) 개별소비세법 제23조(기장의무). 개별소비세법은 과거 특별소비세법이 바뀐(2007.12.31.) 법률이다.

42) 비치를 요하는 장부는 과세표준과 세액산출의 근거가 되는 모든 장부이다. 법인세법 제112조 및 동법시행령 제155조, 소득세법 제160조 및 동법시행령 제208조, 부가가치세법 제31조 제1항(기장), 개별소비세법 제23조(기장의무), 주세법 제47조, 증권거래세법 제15조 등에서 비지의무를 인정한 장부를 말한다.

43) 예컨대 소득세법 제160조의2 제1항의 비용지출에 대한 증빙서류, 법인세법 제112조의 장부와 관계있는 중요한 증빙서류 등을 가리

서, 영수증)를 법정신고 기한 경과 후 5년 이내에 소각 · 파기 · 은닉하는 행위는 과세권행사와 조세형벌권행사를 모두 위태롭게 한다는 점에서 처벌가치가 인정되지만 형법상의 증거인멸죄(제155조)처럼 "타인"의 사건에 국한되지 않고, 자신에 대한 과세와 형사처벌을 피하기 위한 증거인멸행위도 포함한다는 점에서(自己負罪禁止原則의 관점에서) 처벌가치가 인정되기 어렵다. 그러나 장부 등 보존의무의 불이행이 일반화될수록 과세권이나 조세형벌권 모두 위태로워진다는 점에서 범칙행위로 인정된다.

(9) 납세증명표지 불법사용죄

> [제12조의2 (납세증명표지의 불법사용 등)] 다음 각 호의 1에 해당하는 자는 2년 이하의 징역 또는 200만원 이하의 벌금에 처한다.
> 1. 법에 의한 납세증명표지를 재사용하거나 정부의 승인을 받지 아니하고 이를 타인에게 양도한 자
> 2. 법에 의한 납세증명표지를 위조 또는 변조한 자
> 3. 위조 또는 변조한 법에 의한 납세증명표지를 소지 또는 사용하거나 타인에게 교부한 자
> 7. 타인의 조세에 관하여 정부에 허위의 신고를 한 자
> 8. 소인된 인지를 재사용한 자
>
> (4.5.6.9.10. 삭제)

(가) 납세증명표지 불법사용죄 국세청장이 유통과정에서 조세포탈의 염려가 많아서 이를 방지하기 위한 식별로서 첨부하게 하는, 예컨대 주세법상의 납세증명표지(예: 납세증지 납세병마개, 납세증표 등)[44]를 재사용, 불법양도(단 불법양수는 제외됨[45]),

---

킨다.

44) 주세법 제44조(납세표지증명), 주세법시행령 제57조(납세표지증명)

위조 또는 변조, 위조·변조한 납세증명표지의 소지와 교부의 행위는 범칙행위가 된다.

(나) 타인조세허위신고죄 납세의무자를 대리하여 납세의 무신고[46]를 하는 자(예: 세무사, 납세관리인, 압류재산의 소유권을 주장하는 제3자, 국내사업장이 없는 비거주자의 대리납부자 및 상속인의 유무가 분명하지 않은 상속재산관리인 등)가 납세의무의 성립과 확정에 영향을 미치는 중요한 내용에 관하여 허위내용을 신고하는 행위는 조세포탈의 위험을 높인다는 점에서 범칙행위가 된다.

(다) 인지재사용죄 문서에 첨부되고 문서의 지면에 걸쳐 서명하거나 인장이 표시된(즉 '消印된') 인지(수입인지에 관한 법률 제5조에서 말하는 수입인지)의 재사용행위 ─ 형법 제218조의 인지위조·변조죄, 제221조의 소인무효죄와 함께 ─ 인지세의 포탈과 국고세입금의 누락을 가져온다는 점에서 범칙행위로 처벌된다.

참조.

45) 제12조의2 제1호는 정부의 승인 없이 타인에게 양도한 자에 국한하므로 불법양수한 자는 처벌되지 않는다. 또한 판례는 "양수한 자를 처벌하는 조항이 없을 뿐 아니라 그 양수행위를 양도행위에 가공한 공동정범으로 볼 수 없다"고 본다(대판 1970.11.20, 70도2112).

46) 신고납세방식이든 부과납부방식이든 납세의무확정을 위한 신고 또는 수정신고는 여기에 포함되고, 조세불복청구로서 이의신청, 심사청구 및 심판청구는 여기에 포함되지 않는다. 세무사의 불복청구대리도 이에 포함된다고 보는 견해[이정기·김철권, 『조세법총론강의』(두남, 2001), 468쪽]도 있으나 처벌을 확대하는 유추해석이라고 봄이 타당하다.

(10) 과세표준부실신고교사죄

[제14조] ① 납세의무자로 하여금 과세표준의 신고(신고의 수정을 포함한다. 이하 신고라 칭한다)를 하지 아니하게 하거나 허위의 신고를 하게 하거나 조세의 징수나 납부를 하지 않을 것을 선동 또는 교사한 자는 2년 이하의 징역 또는 50만원 이하의 벌금에 처한다.
② 납세의무자로 하여금 신고를 하지 아니하게 하거나 허위의 신고를 하게 하거나 또는 조세의 징수나 납부를 하지 아니하게 할 목적으로 폭행 또는 협박을 가한 자는 3년 이하의 징역 또는 100만원 이하의 벌금에 처한다.

과세표준의 신고나 조세의 징수 또는 납부를 하지 않도록 납세의무자가 아닌 제3자가 선동·교사하거나 이를 목적으로 폭행·협박하는 행위의 처벌은 조세저항운동이나 조세불납부운동을 막기 위한 것이다.

(11) 세무공무원의 직무에 관한 죄

[제15조] 세무공무원으로서 형법 중 공무원의 직무에 관한 죄를 범하였을 경우에는 그 죄에 정한 형의 장기의 3분의 1까지 가중처벌 할 수 있다.

세무공무원(예: 국세청장, 지방국세청장, 세무서장과 그 소속공무원, 세법에 의해 국세사무를 관장하는 세관장과 그 소속공무원, 국세징수법에 의한 위탁에 따라 국세를 징수하는 시장, 군수, 구청장 및 그 소속공무원[47])이 그 직무에 관한 죄를 범하면 형법상 공무원

47) 국세기본법 제2조(정의) 17호.

의 직무에 관한 죄가 적용될 수 있다. 세무공무원의 적법한 직무수행은 공무원의 직분 윤리적 책임을 넘어서 조세체계의 기능이 정상적으로 수행되기 위한 조건의 하나가 된다. 조세체계의 기능에 대한 위태화를 이유로 조세범처벌법은 세무공무원의 직무상 범죄를 가중처벌하고 있다.

(12) 조세행정명령위반죄 등

[제13조 (명령사항위반 등)] 다음 각 호의 1에 해당하는 자는 50만원 이하의 벌금 또는 과료에 처한다.

1. 다음 각 목의 어느 하나에 해당하는 명령사항을 위반한 자
   가. 「주세법」 제40조에 따른 주세보전명령
   나. 「주세법」 제44조에 따른 납세증명표지에 관한 명령
   다. 「개별소비세법」 제25조 및 「교통·에너지·환경세법」 제21조에 따른 납세보전을 위한 명령
   라. 「소득세법」 제79조에 따른 사업장현황의 조사·확인을 위한 명령
   마. 「소득세법」 제170조, 「법인세법」 제122조, 「상속세 및 증여세법」 제84조, 「종합부동산세법」 제23조 또는 「자산재평가법」 제31조 제1항에 따른 제출명령
   바. 「부가가치세법」 제35조 제2항에 따른 납세보전 또는 조사를 위한 명령
   사. 「소득세법」 제162조의2 제5항에 따른 신용카드가맹점에 대한 명령
   아. 「소득세법」 제162조의3 제6항에 따른 현금영수증가맹점에 대한 명령
   자. 「조세특례제한법」 제107조 제5항에 따른 부정유통 방지를 위한 명령
2. 법에 의한 신고 또는 고지에 있어서 고의로 이를 태만하거거나 허위의 신고 또는 고지를 한 자

3. 재산에 관하여 허무인 명의를 사용한 납세의무자 또는 그 정을 알고 이에 협력한 자
4. 법에 의한 지급조서, 계산서 또는 보고서를 제출하지 아니하거나 허위의 기재를 한 자
5. 법에 의한 장부 또는 요금영수증에 허위의 기재를 하거나 장부나 요금영수증을 은닉한 자
6. 법에 의한 검사 또는 승인을 받지 아니한 자
7. 미납세로 반출한 물품 또는 면세한 물품을 고의로 지정한 장소에 입고하지 아니하거나 소정용도에 사용 또는 수출하지 아니한 자
8. 법에 위반하여 검정을 받지 아니한 기계, 기구 또는 용기를 사용한 자
9. 세무에 종사하는 공무원의 질문에 대하여 허위의 진술을 하거나 그 직무집행을 거부 또는 기피한 자
10. 법에 의한 납세증명표지가 첩용되어 있지 아니한 주류, 정부의 면허 없이 제조한 주류 또는 면세한 주류를 판매의 목적으로 소지하거나 판매한 자
11. 법에 위반하여 주류를 구입, 사용 또는 소지하거나 제조장으로부터 출고한 자
12. 인지를 첩용함에 있어서 소인하지 아니한 자
13. 법에 의한 사업자등록 또는 그 등록정정의 신청을 하지 아니하거나 사업자등록검열을 받지 아니한 자

조세질서범은 원칙적으로 형사불법을 갖고 있지 않다. 바꿔 말해 도덕적 성격의 행위반가치 요소가 없거나 매우 미미한 경우이다. 각종 ① 명령사항위반, ② 법에 의한 신고・고시[48]의

48) "법에 의한 신고"가 어떤 신고인지는 불분명하다. 명확성원칙을 충족하기 위해서는 "법에 의한 신고 또는 고지에 있어서 고의로 이를 태만하거나 허위의 신고 또는 고지를 한 자"라고만 규정하고 있을 뿐이므로 원심으로서는 피고인이 어떤 법에 의한 어떤 신고를 하여야 할 것인지를 판결이유에 그 법조를 명시하여야 할 것이다(대판

해태, ③ 허무인의 명의사용, ④ 지급조서 등의 제출해태, ⑤ 장부와 영수증 허위기재, ⑥ 검사·승인 미필, ⑦ 미납세 또는 면세물품의 사용, ⑧ 미검정기계 등 사용, ⑨ 질문검사기피, ⑩ 무면허주류 등의 소지·판매, ⑪ 부정주정구입, ⑫ 인지미소인, ⑬ 사업자등록미필 등의 행위는 전통적으로 조세행정목적의 실현을 위한 질서유지의무의 위반행위(조세질서범)로 이해된다. 벌금형이 규정되어 있지만 실제로 처벌되는 사례는 실무에서 거의 없다.

(13) 조세면탈목적 차명사업자등록죄

> [제13조의2 (명의대여사업자 등 처벌)] 조세의 회피 또는 강제집행의 면탈을 목적으로 타인의 성명을 사용하여 사업자등록을 한 자 및 타인에게 자신의 성명을 사용하여 사업자등록을 할 것을 허락한 자는 50만원 이하의 벌금 또는 과료에 처한다.

조세의 회피나 강제집행의 면탈을 목적으로 차명으로 사업자등록하거나 이를 허락하는 행위도 조세질서범에 속한다.

III. 조세범칙행위의 유형화의 기준과 법적 효과

1. 유형화의 기준

이상에서 개관해 본 범칙행위들은 몇 가지 유형으로 분류

1983. 10.11, 83도425).

될 수 있다. 이 유형화는 뒤에 보듯 일정한 법적 효과와 연결된다. 먼저 범칙행위들을 아래 표와 같이 요약할 수 있다.

<table>
<tr><td rowspan="6">조세범처벌법상 범칙행위</td><td rowspan="2">★조세체계의 기능 직접적 교란 (조세채권의 침해 또는 위태화)
◆ 조세포탈죄의 독자적 변형구성요건</td><td>침 해 범 (Verletzungs-delikt)</td><td>(기본구성요건: 조세포탈죄)
㉮ 체납죄</td></tr>
<tr><td>위 험 범 (Gefährdungs-delikt)</td><td>㉯ 근로소득원천징수영수증거짓기재교부죄
㉰ 무면허주류제조죄
㉱ 원천징수의무위반죄
㉲ 결손금과대계상죄
㉳ 체납처분면탈죄</td></tr>
<tr><td rowspan="2">★ 조세체계의 기능 위태화 (조세체계의 간접적 교란)
◆ 조세포탈죄의 전단계범죄</td><td>위 태 범 (Riskantes Verhalten)</td><td>㉴ 세금계산서관련의무위반죄
㉵ 기장의무위반죄
㉶ 납세증명표지 불법사용죄[49]
㉷ 과세표준부실신고교사죄</td></tr>
<tr><td>직 무 범</td><td>㉸ 세무공무원직무범죄</td></tr>
<tr><td>★ 조세행정의 편의성과 고권성 훼손</td><td>질 서 범 (Ordnungs-widrigkeit)</td><td>㉹ 조세행정명령위반죄 등[50]
㉺ 조세면탈목적차명사업자등록죄</td></tr>
</table>

조세범처벌법이 규정하는 범칙행위들의 기본구성요건은 제9조의 조세포탈죄이다. 조세포탈죄는 도덕적 반가치가 있는 행

49) 第12조의2 제1호(납세증명표지 불법사용죄)와 제8호(인지재사용죄)는 형법전상의 범죄구성요건의 불법유형과 버금가는 불법의 실질을 갖고 있고, 조세포탈죄의 독자적인 변형구성요건을 볼 수 있다.

50) 제13조 제5호(장부와 영수증 허위기재), 제6호(질문검사기피)의 행위는 질서유지의무의 위반행위라기보다 조세체계의 기능을 위태화하는 형사범의 성격이 강하다.

위(행위반가치)에 의해 법적으로 유효하게 발생한 조세채권을 침해하고, 그 행위는 사회하부체계(subsystem)의 하나로서 조세체계의 기능을 '직접적'으로 '교란'시킨다. 이런 기본구성요건은 두 가지 방법으로 파생구성요건을 낳는다.

(1) 유사한 그러나 약화된 반도덕적 구조의 행위유형

첫째는 조세채권을 발생시키는 요건에 포섭되는 행위영역에서 조세포탈죄의 구성요건표지를 부분적으로 교체하여 독자적인 변형구성요건으로 만드는 방법이다. 특히 "사기 기타 부정한 행위"와 그 반도덕적 구조(immoral structure)가 유사하지만 다른 모습의 동등하거나 약화된 행위수행방식(예: ㉮ 3회 연속 체납행위, ㉯ 근로소득원천징수영수증거짓기재교부행위, ㉰ 무면허주류제조행위, ㉲ 결손금과대계상행위, ㉳ 체납처분면탈행위)의 표지에 의해 교체되거나, 행위주체가 납세의무자가 아닌 자(예: ㉱ 원천징수의무자, ㉳ 탈세자 재산의 점유자)로 교체됨으로써 새로운 구성요건이 만들어진다. 이런 행위들도 조세채권을 침해하거나 구체적으로 위태화(구체적 위험범)하고, 또한 그런 행위들은 조세체계의 기능을 '직접적'으로 '교란'시킬 수 있다.

(2) 조세포탈행위의 전단계에 대한 통제

둘째는 조세채권을 침해하거나 구체적으로 위태화하지 않고, 단지 '추상적인 위험'(risk)의 속성을 띠는 행위이지만 그 행위가 일반화되면 ―바꿔 말해 자주 발생하고 그 행위의 효과가 누적되면 될수록― 조세체계의 기능이 위태로워질 개연성이 인정되는 행위들을 새롭게 범죄화하는 방법이다. 이는 조세포탈죄의 전단계 범죄화(Vorfeldkriminalisierung)라고 할 수 있다. 예컨대 ㉦ 세금계산서의 미교부, ㉧ 기장의무의 위반, ㉨ 과세표준부실신고의 교사 등의 행위는 아직 조세채권을 침해 또는 침해할 구체적으로 위험을 발생시키는 것은 아니지만, 그런 행위들이 시민들 사이에 일반화되면, 조세체계의 기능이 위태화될 개연성이 높다. 또한 그런 행위들은 조세포탈행위로 이어질 개연성이 있다는 점에서 약하지만 반도덕적 성격을 갖고 있으며, 이 점에서 행위의 반도덕적 성격이 전제되지 않은 조세질서범과 확연히 구별된다. 이런 행위유형을 형사범죄로 만드는 형법정책은 '예방적 범죄투쟁'(vorbeugende Verbrechensbekämpfung)이라고 부르며, 범죄화정책의 노선과 비범죄화정책의 노선이 강하게 대립되고 있는 영역이기도 하다.

(3) 조세질서범

셋째는 조세질서범은 조세행정의 고권성(Hoheit)이나 효율성(편의성)을 도모하기 위해 부과한 법적 의무를 위반한다는 이유로 범죄화된 행위들이다. 예컨대 조세당국의 법적으로 유효한 명령에 불복종하는 행위는 조세당국의 고권성을 훼손하는 행위이며, 조세행정에 필요한 신고나 자료제출을 하지 않거나 사업자등록을 하지 않는 행위 등은 조세행정의 효율성과 편의성을 해치는 행위가 된다. 이 조세질서범은 원칙적으로는 형사처벌되어서는 안 되고 과태료나 과징금 등으로써 제재되어야 한다. 왜냐하면 그 의무위반행위들은 형법규범이 내재하여야 할 도덕적 행위규범의 성격을 전혀 갖고 있지 않기 때문이다. 그러나 현행 조세범처벌법은 벌금과 과료의 형벌을 부과하고 있다.

2. 유형화의 법적 기능

범칙행위의 이와 같은 세 가지 유형화는 다음과 같은 법적 기능을 수행할 수 있다.

(1) 범죄화정책에서의 차이

첫째, 형법이론적, 형법정책적 방향설정에 의미를 준다. 가령 조세에 관련한 시민들의 이중적 도덕의식[51]을 고려한다면, 조세질서범은 물론이고 조세포탈의 전단계 범죄들도 원칙적으로는 비범죄화될 필요가 있다. 실체법의 차원에서 비범죄화가 부적절하다면, 절차법의 차원에서 비범죄화가 요망된다. 통고처분절차는 조세형법에 특유한 절차법적 비범죄화의 대표적인 예이다.

(2) 죄수론적 효과

둘째, 이 유형화는 범죄론(특히 죄수론)적으로도 의미가 있다.

(가) 법조경합관계　즉 조세포탈죄의 독자적 변형구성요건은 조세포탈죄와 불법유형(Unrechtstypus)이 ― 특히 조세채권을 침해 또는 위태화하는 재산범적 성격을 갖고 있다는 점에서 ― 상당한 정도로 같은 것으로 볼 수 있기 때문에 법조경합관계에 놓인다고 봄이 타당하다.

(나) 경합범관계　그러나 전단계 범죄행위들은 조세채권을 직접 침해하거나 위태화함이 없이 조세행정의 기능이라는

51) 이에 관해서는 뒤의 [2].I.2.와 뒤의 [5].I. 참조.

보편적 법익에 대해 위험(risk)을 발생시키는 행위인 반면, 조세포탈죄는 조세채권을 직접적으로 침해하는 실행행위에 의해 ― 그리고 그런 점에서 재산범과 유사한 불법을 가지면서 ― 조세체계의 기능을 위태화하는 범죄행위라는 점을 고려할 때 두 범죄는 불법유형이 상당히 다르며, 따라서 이들은 '경합범'의 관계에 놓인다고 봄이 타당하다. 또한 경합범의 관계는 그 실행행위가 단일하거나 부분적으로 중첩되어 있으면 상상적 경합관계(형법 제40조)에 놓이고 그렇지 않은 경우에만 실체적 경합범관계(제37조~제39조)에 놓인다.

> 위의 사례에서도 허위기재 세금계산서를 교부하는 행위는 신고납부기한이 경과되면 성립하는 조세포탈죄의 실행에 착수하는 행위로 볼 수 있고, 따라서 세금계산서교부불성실죄와 조세포탈죄는 행위가 부분적으로 중첩된다. 이럴 경우에 상상적 경합이 성립하며, 결국 조세포탈죄로만 처벌하여야 한다.

(다) 공소사실기재방법 조세포탈죄와 그 독자적 변형구성요건들이 법조경합관계에 있다고 하더라도 검사가 조세포탈죄만 기소해야 하는 것은 물론 아니다. 실무상으로도 큰 범죄인 조세포탈죄가 성립하는 경우에도, 특히 경미한 경우가 아니라면 작은 범죄들(독자적 변형구성요건과 전단계 범죄행위들)까지 조세포탈죄와 함께 기소한다. 하지만 법조경합이나 상상적 경합에 놓이는 경우에는 조세포탈죄를 주위적 공소사실로 그 밖의 범죄를 예비적 공소사실로 기소를 하고, 실체적 경합관계에 놓이는 경우에는 둘 다 주위적 공소사실로 기소하는 것(사실상의 병합심리 신청)이 바람직하다.

(3) 전속고발의 효과

셋째, 범칙행위의 유형화가 갖는 죄수론적인 의미는 세무당국의 전속고발의 절차법적 효과와 어떤 필연적인 관계를 맺는 것은 아니다. 예컨대 조세포탈죄와 그 독자적 변형구성요건(㉮ 체납죄, ㉯ 근로소득원천징수영수증거짓기재교부죄, ㉰ 무면허주류제조죄, ㉱ 원천징수의무위반죄, ㉲ 결손금과대계상죄, ㉳ 체납처분면탈죄) 가운데 어느 하나에 대한 고발은, 두 범죄유형이 법조경합관계에 있다는 점에서 다른 것에 대하여 효력이 있는 반면, 조세포탈죄와 그 전단계 범죄행위들(㉴ 세금계산서관련의무위반죄, ㉵ 기장의무위반죄, ㉶ 납세증명표지 불법사용죄, ㉷ 과세표준부실신고교사죄, ㉸ 세무공무원직무범죄) 가운데 어느 하나에 대한 고발은, 두 범죄유형이 경합범관계에 있다는 점에서 다른 것에 대한 효력이 있다고 보는 것은 타당하지 않다.

전속고발제도는 조세범죄의 죄질(불법유형)에서 비롯되는 것이 아니라 조세체계와 법체계 사이에 존재하는 기능적 간극과 합리성 충돌을 메우는 기제로서 기능하는 것이기 때문이다.[52] 예컨대 세무당국이 결손금과대계상죄 또는 세금계산서교부불성실죄로 고발하였어도 수사한 결과 조세포탈죄가 성립하는 경우에는 세무당국의 조세포탈죄에 대한 별도의 고발이 필요하다. 그 반대의 경우도 마찬가지이다. 또한 별도의 고발이 없다면 검사는, 특가법 제8조에 해당하지 않는 한, 조세포탈죄로 공소제기를 할 수 없다.

52) 이에 관해서 자세히는 아래 [4].4. 참조.

[2] 이 론: 조세형법의 정당성기초와 위헌성 판단

Ⅰ. 조세형법의 정당성기초

1. 조세포탈죄의 합헌결정

1966년 제정된 특정범죄 가중처벌 등에 관한 법률 제8조(조세포탈)[53]는 오랫동안 위헌성의 논란[54]에 휩쓸려왔다. 그러던 중

53) 제8조 (조세포탈의 가중처벌) ① 조세범처벌법 제9조 제1항에 규정된 죄를 범한 자는 다음의 구분에 따라 가중처벌한다. 1. 포탈하거나 환급받은 세액 또는 징수하지 아니하거나 납부하지 아니한 세액(이하 "포탈세액 등"이라 한다)이 연간 10억원 이상인 때에는 무기 또는 5년 이상의 징역에 처한다. 2. 포탈세액 등이 연간 5억원 이상 10억원 미만인 때에는 3년 이상의 유기징역에 처한다. ② 제1항의 경우에는 그 포탈세액 등의 2배 이상 5배 이하에 상당하는 벌금을 병과한다.

54) 조경래, "현행 조세포탈범 처벌에 내재하는 문제점에 관한 연구,"『국세』(268호, 1989.6.), 106쪽; 명형식, "조세범죄와 그 처벌절차에 관한 연구" (조선대학교 박사학위논문, 1984); 김용준, "조세범처벌법상 조세포탈죄의 형사법적 성격과 개선방안에 관한 연구" (고려대학교 석사학위논문, 2005), 117~119쪽 등 참조.

1998년 헌법재판소는 특가법 제8조에 대하여 합헌결정을 내린 바 있다. 헌법재판소는 지속적으로 "헌법상 평등의 원칙 및 비례의 원칙 등에 명백히 위배되는 경우가 아닌 한, 입법자는 죄질, 보호법익, 역사와 문화, 시대상황, 국민일반의 가치관이나 법감정, 범죄예방을 위한 형사정책적 측면 등을 종합적으로 고려하여 형사입법할 광범위한 입법재량(형성의 자유)가 있다"고 본다.[55]

이런 전제에서 헌법재판소는 ① 조세포탈은 반사회적, 반윤리적 범죄이고, 조세포탈액이 많을수록 국가와 사회에 미치는 병폐가 커진다는 점, ② 한계금액을 전후한 사안에서 법정형의 현저한 차이는 작량감경을 통해 조절이 가능하고, 법정형의 하한이 높아 선고유예나 집행유예가 불가능하지만 법률상 감경 및 작량감경 등을 통하여 역시 집행유예를 선고할 수 있다는 점 그리고 ③ 2~5배의 벌금 병과는 조세포탈자가 부정하게 취한 이득을 박탈함으로써 국민의 납세윤리를 확립하고 나아가 건전한 사회질서의 유지와 국민경제의 발전에 기여하고자 하는 입법목적상 필요하며, 역시 작량감경을 통한 벌금형 감액과 벌금형만의 선고유예도 가능한 점에서 과잉처벌이 아니라고 보았다. 헌법재판소는 결론적으로 "특가법 제8조의 법정형은 입법재량 범위 내의 것으로서 형벌체계상의 균형을 상실한 것이라거나 과잉처벌이라고 볼 수 없으므로 헌법 제11조의 평등의 원칙이나 헌법 제37조 제2항에서 유래하는 비례의 원칙 내지 과잉금지의 원칙에 위배된다 할 수 없고 나아가 헌법 제10조의

55) 이런 전제에 관한 자세한 분석으로 이상돈, 『헌법재판과 형법정책』(고려대출판부, 2005), 104쪽 아래 참조.

인간존엄성의 이념에도 위배된다고 할 수 없다"[56]고 보았다. 그러나 헌법재판소의 합헌결정에 등장한 논거들을 꼼꼼히 분석해서, 형법이론적으로 교정을 해보면, 특가법상 조세포탈죄는 위헌적인 규정으로 드러날 수 있다.

2. 조세포탈의 도덕적 이중구조

그러나 이 작업에 앞서 조세형법이 갖는 특수한 성격인 도덕적 이중구조를 이해할 필요가 있다. 여기서 도덕적 이중구조란 조세형법의 수범자들은 시민으로서 탈세의식과 국민으로서의 납세의식을 동시에 갖는다는 점[아래 (1)]과 조세형법은 시민법과 국가법의 두 차원을 갖는다는 점[아래 (1)]을 가리킨다.

(1) 이중적 법의식과 이중도덕

조세는 국가나 지방자치단체가 자신의 임무를 달성하기 위해 필요한 재정을 마련하는 가장 중요한 수단이다. 그러므로 납세는 헌법이 명문으로 규정하는 국민의 의무가 된다(헌법 제38조). 즉 국민은 납세의무를 다해야 국가가 자신의 임무를 수

56) 헌재결 1998.5.28. 97헌바68, 헌공28; 그 밖에 이 결정에서는 조세범처벌법 제4조 제1항이 조세포탈행위에 대한 벌금형의 병과에 있어서 벌금경합에 관한 형법상의 제한가중규정인 형법 제38조 제1항 제2호의 적용을 배제하는 것, 즉 아직 판결이 확정되지 아니한 수개의 조세포탈행위를 동시에 벌금형으로 처벌하는 경우에는 각 죄마다 벌금형을 따로 양정하여 이를 합산한 액수의 벌금형을 선고하게 되고 위 형법규정이 정하는 바와 같이 가장 중한 죄에 정한 벌금다액의 2분의 1로 제한되지 아니하는 것도 합헌이라고 판단되었다.

행할 수 있고, 국가의 임무수행은 국민 모두의 이익으로 돌아간다. 그렇기 때문에 납세의무를 이행하지 않는 행위는 국가의 임무수행을 위태롭게 할 수 있다.

(가) 국민의 납세준수의식 그런 점에서 납세의무위반은 그것이 다른 사람으로 하여금 납세의무를 이행하지 않도록 부추기고('일반예방적 필요성'), 국가의 재정조달기능을 위태롭게 만든다면('조세채권의 중대한 침해') 형사처벌할 가치('당벌성', Strafwürdigkeit)가 인정되는 중대한 일탈행위(=조세범죄)가 될 수 있다. 이른바 조세범처벌법에서 말하는 '조세포탈'이란 그런 행위의 전형을 이룬다. 조세포탈에 대한 국민의 법의식은 이처럼 <조세포탈→국가재정조달기능의 위태화→국가임무의 이행 장애→모든 국민의 불이익>으로 이어지는 일탈행위의 반가치성을 인정한다. 시민단체들이 조세포탈자, 특히 기업인들에 대해 강한 처벌을 요구할 때의 납세의식은 이와 같은 법의식의 선상에 있다.

(나) 시민의 납세거부의식 다른 한편 조세범죄는 형법학의 법익론에서 보면 국가적 법익을 침해하는 범죄가 될 뿐 사회적 법익을 침해하는 범죄이거나 보편적 도덕을 깨뜨리는 범죄가 되지 않는다. 국가의 기능을 위태롭게 하지만 인륜에 반하거나 인간들이 공존하기 위한 조건으로서 도덕에 반하는 행위가 되지 않는다. 그러나 시민들의 조세포탈에 대한 법의식은 조세범죄가 단순히 반국가적 범죄이고 반도덕적 범죄가 아니라는 점에 대한 인식의 차원을 넘어선다. 법적 의미의 조세포탈에 대한 처벌, 특히 지나치게 광범위하고 무거운 처벌의 정당성을 부인하는 법의식이 오랜 세월 시민의식의 탄탄한 일부로 자리 잡아 전승되어 오고 있기 때문이다. 모든 시민들이 '많고

적음의 차이는 있지만 조세포탈하지 않는 시민이 없다'는 것을 인정한다. 예컨대 자영업자와 봉급근로자 사이의 실질적인 조세불공평을 문제 삼는 것도 이미 조세포탈행위가 일상적으로 만연해 있고, 시민사회에서는 어느 정도까지는 '정상적인 것'으로 받아들여지고 있음을 의미한다. 이런 의식은 뿌리 깊은 역사를 갖고 있다. 이를테면 성경에서도 세리(稅吏, 세무공무원)는 공동선을 실행하는 수호자가 아니라 시민을 착취하는 '악인의 모습'으로 비춰진다.

> 예컨대 예수께서 稅吏인 마태의 집에서 앉아 음식을 드실 때에 많은 세리와 죄인들이 와 있는 것을 보고 바리새인들이 예수의 제자들에게 '어찌하여 너희 선생은 세리와 죄인들과 함께 잡수시느냐' 라고 물음[57]에도 불구하고 예수께서 세리와 함께 하심은 세리가 갖는 도덕적 양면성을 상징한다고 볼 수 있다.

지금도 교회의 성직자들은 잘못된 조세법제에 대한 비판을 목회의 내용을 설파하기도 한다. 물론 조세법에 저항하는 시민의식이 모두 정당하다는 결론으로 바로 달려갈 수는 없다. 부정할 수 없는 것은 조세포탈이란 언제나 국가권력의 조세정책에 항거하는 일정량의 시민적 연대에 의해 옹호되는 측면이 있다는 점이다. 그렇기 때문에 개인들의 납세의식은 국민으로서 납세준수의식과 시민으로서 납세거부의식의 이중적 구조를 띠고 있다고 할 수 있다. 자신의 탈세는 정당하고 남의 탈세를 비난하는 것은 그런 이중적 도덕의식의 분열적인 표현이다.

---

57) 누가복음 5:27-39, 마태복음 9:9-11 참조.

(2) 조세형법의 민주적 정당성과 생활세계적 정당성

이런 점에서 조세포탈죄를 비롯한 조세형법은 아무리 국가법으로서 민주적 정당성(demokratische Legitimität)을 갖추어도 시민법으로서 생활세계적 정당성(lebensweltliche Legitimität)이 매우 약한 형법이라고 본다.

(가) 국가법과 시민법의 구분[58] 이 말을 이해하기 위해서 조세형법이 갖는 두 가지 차원, 즉 국가법의 차원과 시민법의 차원을 구별하는 것이 필요하다.

ㄱ) 시민법으로서 형법 형법은 민법과 함께 사람이 사는 곳이면 언제나 존재했고, 지금도 그렇게 존재하는 법이다. 즉 형법은 시민들이 살아가는 세계(생활세계, life world)에서 (필요에 따라) 자생적으로 형성되는 법이다. 사람을 죽인 자를 처벌하는 것은 근대국가나 국가형법이 생성되기 이전에 또 그 이후에도 별개로 존재하는 법이다. 그런 의미의 법은 그 옳고 그름이 일상에서 경험되고, 비판적으로 논의되며, 그에 따라 반성적으로 변해간다. 시민들은 그처럼 반성적인 변화 속에서 형법이 타당한 만큼 자율적으로 수용하게 된다. 그렇게 반성적인 변화 속에서 시민들에 의해 수용되는 정당한 (행위)규범의 총체만이 생활세계의 정당한 질서를 구성할 수 있다. 그런 법을 나는 '시민법'(civic law)이라는 용어로 개념화하고자 한다. 시민법으로서 형법의 정당성은 생활세계 속에서 시민들 사이에서 비판적 논의되고, 타당성에 대한 확신 속에서 자율적으로 수용할 수 있게

58) (가) 단락의 설명은 이 이론을 내가 처음 전개한 이상돈, 『헌법재판과 형법정책』(고려대출판부, 2005), 26~40쪽을 부분 요약하고 다소 변형한 설명이다.

하는 의사소통의 흐름 속에서 창출될 수 있을 뿐이다. 그런 정당성을 형법의 생활세계적 정당성(lebensweltliche Legitimität)이라고 부를 수 있다.[59]

이런 시민법의 개념은 법생산권력이 국가에 독점되었던 시대에서 다양한 사회적 행위자들이 법의 형성절차에 참여하는 법다원주의(legal pluralism)[60]의 시대로 이행하면서 더욱더 설득력 있게 된다. 시민법으로서 형법은 '역사적'으로 국가가 형성되기 이전이건 이후건, 근대국가와 헌법이 형성되기 이전이건 이후건, 법체계가 어떤 발전단계(예: 자유주의적 법모델→사회국가적 법모델→절차주의적 법모델)에 와 있건 간에 상관없이 존재한다. 시민법으로서 형법은 '현상적'으로는 국가권력에 의해 제정되는 성문법으로도, 또는 관습법으로도 나타날 수 있다. 하지만 시민법은 성문법이든 관습법이든 기존 형법의 고정된 총량을 뜻하지 않는다. 그런 기존의 형법들은 생활세계에서 그 타당성이 의문시될수록 그것을 비판하는 관점이 전제하거나 성취하려는 규범들을 미래의 자신 속으로 편입하는 것이어야 한다. 그런 점에서 시민법으로서 형법은 애당초 이데올로기 비판을 통한

59) 형법학자로서 이런 점에 대한 깊은 통찰을 지닌 O. Backes, "Strafrecht und Lebenswirklichkeit," *Festschrift für Werner Maihofer* (1988), 41쪽 아래; Ransiek, *Gesetz und Lebenswirklichkeit*, 1989; 하지만 민주적 법치국가에서는 형법이 생활세계적 정당성만으로 올바른 법이 되는 것은 아니다. 이런 내용의 이른 비판으로 Ransiek의 책에 대한 나의 서평논문인 Sangdon Yi, "Gesetz und Lebenswirklichkeit" (Rezension), ARSP 1991, Bd.2, 279쪽 아래 참조.

60) 이상돈, 『기초법학』 (법문사, 2008), 154, 256, 543 아래, 561, 566쪽 참조.

자기변화의 '정치적' 기획을 갖는다고 할 수 있다. 여기서 정치적 기획은 형법이 인문주의적 문화를 점점 더 많이 수용하는 진보의 과정으로 이해될 수 있다. 형법의 기본적인 법원칙들(법익보호원칙/사회적 유해성, 명확성원칙, 비례성원칙, 책임원칙, 의심스러울 때 자유이익으로 in dubio pro libertate-원칙)들은 그런 진보의 오랜 역사 속에서 조탁된 시민법으로서 형법의 원리이다. 이는 헌법 '이전'에 헌법 '밖'에서 형성된 것이며, 그 법원칙의 상당한 부분은 현재의 근대적인 헌법의 텍스트를 형성했다[61]고 볼 수 있다.

ㄴ) 국가법으로서 형법 하지만 다른 한편 근대적인 국민국가(national state)가 성립한 이후의 정치체제에서 형법은 생활세계 속의 시민들 사이에서 정당한 규범으로 승인되고 수용되는 것만으로는 정당한 규범이 될 수 없다. 시민법으로서 형법도 정치체계를 민주적 법치국가로 조직화한 헌법과 함께 국가법체계 속에 편입되어야 한다. 국가법으로 편입된 형법은 (인권의 주체로서) 시민이 아니라 (국가권력의 주권자)로서 국민(Staatsbürger)이 민주적인 방식으로 제정한 규범이 된다. 여기서 민주적 방식의 제정이란 첫째, '국가의 공식적인 입법절차'를 통한 (형)법의 형성을 가리키고, 둘째, 이 공식적인 입법절차는 국민 개개인의 의사와 의견을 최대한 수렴하고, 그것들의 관점을

61) 그런 예로서 형사절차법정주의와 적법절차(제12조 1항), 고문금지와 불이익진술거부권(제12조 2항), 영장주의(제12조 2항, 제16조), 변호인의 조력을 받을 권리(제12조 4항), 일사부재리(제13조 1항), 법관에 의한 재판을 받을 권리(제27조 1항), 신속한 공개재판을 받을 권리(제27조 3항), 무죄추정권(제27조 4항), 과잉금지원칙(제37조 2항) 등을 들 수 있다.

(공론의 장에서) 충분히 교환시켜 국민들 사이에서 가장 타당성을 인정받는 ―바꿔 말해 공론경쟁력이 가장 강한― 관점을 법규범으로 수용하는 과정이 되어야 함을 의미한다. 국가의 공식적인 입법절차가 민주적일수록, 그 절차를 통해 제정된 형법은 정당성을 얻게 된다. 이를 형법의 민주적 정당성(demokratische Legitimität)이라고 부를 수 있다.

(나) 조세형법의 정당성 조세형법은 국가법으로서 그리고 시민법으로서 정당성을 갖출 때 비로소 정당성이 인정될 수 있다.

ㄱ) 시민법과 국가법의 상호보완관계 첫째, 실정 조세형법의 대부분은 국가법으로서 조세형법에 의해 채워질 수밖에 없다. 현대사회에서는 현실의 복잡성과 문화적 탈중심성 그리고 가치판단의 중층성(다맥락성)[62] 때문에 생활세계에서 형성되는 시민법규범만으로는 현실을 규율할 수 없기 때문이다.[63] 그러므로 다양한 (윤리적, 규범적) 가치관점을 교환하고, 불명확한 일상규범이나 자연언어로 세밀하게 규율할 수 없는 복잡한 현실문제에 대해 다양한 정치적, 경제적 판단과 대안들을 비교검토하는 과정이 조세형법의 형성에서도 꼭 필요하게 된다. 그러나 이념적으로 국가법으로서의 조세형법은 시민법으로서의 조세형법을 끊임없이 수용하고, 닮아가야 한다. 왜냐하면 민주

62) 현대사회의 특징을 이렇게 파악하는 이상돈, 『법학입문』 (법문사, 2007) [1]단락; 더 일찍이는 Sangdon Yi, *Wortlautgrenze, Intersubjektivität und Kontexteinbettung* (Ffm., 1992) 참조.

63) 이런 관점을 '생활세계로부터 체계의 해리'(Entkopplung des Systems vom Lebenswelt)로 설명하는 Habermas, *Theorie des kommunikativen Handelns II* (Suhrkamp, 1981), 229쪽 아래; "Wie ist legitimität durch Legalität möglich?" *Kritische Justiz* 1987, 1~16쪽.

국가에서 국가권력의 정당성은 궁극적으로는 일상을 살아가는 사람들 사이의 합의적인 의사형성에 기초하기 때문이다. 바꿔 말해 형법의 합헌적 법률해석을 통하여 헌법규범을 구체화하는 헌법재판소에게 규범형성의 실질을 제공하는 것은 국가법으로서 형법이 아니라 이와 같은 시민법으로서 형법(규범)인 것이다.

ㄴ) 집단적 책임의 개인적 귀속 배제 둘째, 하지만 만일 조세포탈죄가 국가의 기능수행을 위해 필요한 최소한의 범위에서만 운용됨으로써 결과적으로 조세포탈이 너무 광범위해진다면 국가의 기능이 다시금 위태로워질 수 있다. 바로 이 맥락에서는 조세포탈에 대한 시민들의 도덕적 해이가 강조되어야 한다. 그런데 이런 도덕적 해이의 문제를 헌법재판소는 조세포탈'액'의 문제로 바라본 듯하다. 즉 위 헌재결정에 의하면 특가법 제8조가 조세포탈액 등을 기준으로 단계적으로 가중처벌하는 것은 "조세포탈범은 재정범으로서 일반형사범에 비하여 범행의 동기나 행위의 태양 등이 비교적 정형화되어 있고 그것이 국가와 사회에 미치는 병폐는 조세포탈액 등이 많으면 많을수록 가중된다는 점에서 볼 때" 합리성이 인정된다는 것이다.

그러나 조세포탈이 국가와 사회에 미치는 병폐는 한 개인의 조세포탈액보다는 조세납부에 대한 일반시민들의 모럴해저드의 확산과 그 정도에 의해 커지는 것이다. 그러므로 조세포탈의 국가기능 위태화에 대한 법적 책임은 모든 납세의무자들이 함께 짊어져야 할 부분이다. 그런데도 유독 포탈세액의 규모에 따라 특별히 무거운 형사책임을 지게 하는 것은 모든 국민이 져야 할 책임을 특정 액수의 조세포탈자 개인에게 전가시키는 것이라고 할 수 있다. 이를 두고 집단적 책임의 개인적 귀속(induviduelle Zurechnung kollektiven Verhaltens)64)이라고 할 수 있다. 이는 거액의 포탈자를 무겁게 처벌하여 잠재적인 모든 조세포탈자로서 시민들의 모럴해저드를 통제하려는 '일벌백계'의 정책이며, 극단적인 소극적 일반예방(negative Generalprävention)의 형사정책이다. 그러나 조세포탈의 모럴해저드는 보든 조세포탈 범죄에 대한 효과적인 수사와 공평하고 적정한 수준의 처벌을 통해서 통제되는 것이지, 재수없이 걸리고 또한 포탈세액이 상대적으로 큰 자에 대한 일벌백계식의 가중처벌에 의해 통제되는 것이 아니다.

II. 국고주의와 책임주의

조세형법의 전통적인 이론은 흔히 국고주의와 책임주의를 대립시킨다. 이 역사적 개념들은 새롭게 해석될 필요가 있다. 그런 새로운 해석으로 국고주의와 책임주의를 내가 앞서 말한 국가법으로서 조세형법과 시민법으로서 조세형법의 차원과 연관지우는 것을 들 수 있다. 즉 앞서 설명한 '이중적인 납세의식'을 분리해놓는다면, 국민들의 납세준수의식은 주로 국가법으로서의 조세형법에 관한 의식이고, 시민들의 납세거부의식은 주로 시민법으로서의 조세형법에 관한 의식이라 할 수 있다. 또한 조세형법의 전통적인 이론으로서의 국고주의는 납세준수의

64) 이런 현상에 대한 형법정책적 의미 분석에 대하여 Herbert Jäger, *Induviduelle Zurechnung kollektiven Verhaltens. Zur strafrechtlich-kriminologischen Bedeutung der Gruppendynamik* (Frakfurt am Main, 1985) 참조.

식을 바탕으로 하는 국가법으로서의 조세형법을, 그리고 책임주의는 납세거부의식을 바탕으로 하는 시민법으로서의 조세형법을 각각 구성하는 기본원리가 된다. 물론 이것은 <국가법－국고주의>, <시민법－책임주의>라는 식의 일대일 대응이 논리필연적인 것임을 뜻하지는 않다. 이 둘 사이의 연관은 다분히 역사적이며 정치적인 것이다. 즉, 시민법적 전통을 외면하고 조세권의 실효적 확보라는 목적에 쏠린 의회의 입법역사는 조세형법의 형성을 국고주의에 치중시켰던 반면, 그런 조세형법에 대척되는 시민들의 조세저항의식은 조세형법을 책임주의에 의해 제한하라는 작은 목소리에 의해서 대변되어 왔을 뿐이다.

1. 국고주의와 책임주의의 대립

먼저 국가법으로 조세형법이 편향되어 온 국고주의의 내용과 시민법으로서 조세형법이 지향하는 책임주의의 내용을 요약해보기로 한다.

(1) 국고주의의 조세형법

국고주의란 조세형법을 '국가의 필요를 충족시키는 조세징수'라는 목표를 달성하는 수단으로 이해하는 것을 말한다. ① 첫째, 국고주의에 의하면 조세포탈의 본질은 국가재정을 축소시킨 불법행위에 대한 재정보전적 손해배상 또는 조세채권의 침해에 대한 손해배상이면서 국가의 조세권을 침해하는 행정범이다. 행정범이기 때문에 형법총칙의 일반원칙이 배제될 수 있다. 예컨대 조세범처벌법 제4조는 형법 제9조(형사미성년자), 제

10조 제2항(심신미약자), 제11조(농아자), 제16조(법률의 착오), 제32조 제2항(종범의 형감경) 및 제38조 제1항 제2호 중 벌금경합에 관한 제한가중규정[65]을 배제한다.

② 둘째, 조세범의 공소시효가 형사소송법상의 3년[66]에서 5년으로 연장되고(처벌법 제17조), 특가법상 조세포탈죄의 공소시효가 형사소송법(제249조 제1항 2, 3호)[67]에 따라 무려 10년(특가법 제8조 제1항 1호의 조세포탈죄) 또는 7년(특가법 제8조 제1항 2호의 포탈죄)까지[68] 연장되는 것도 국고주의의 표현으로 볼 수 있다.

③ 셋째, 조세포탈죄는 그 본질에서는 (행정범으로서) 비난받을 만한 불법행위에 대한 손해배상이기 때문에 징벌적 손해배상이 실질이 되는 벌금형도 허용된다. 예컨대 특가법 제8조 제2항은 포탈세액의 2배 내지 5배의 벌금형을 규정하는 것도 이러한 맥락에서 이해될 수 있다.

---

65) 형법 제38조 제1항 제2호: "각 죄에 정한 형이 사형 또는 무기징역이나 무기금고 이외의 동종의 형인 때에는 가장 중한 죄에 정한 장기 또는 다액에 그 2분의 1까지 가중하되 각 죄에 정한 형의 장기 또는 다액을 합산한 형기 또는 액수를 초과할 수 없다. 단 과료와 과료, 몰수와 몰수는 병과할 수 있다."

66) 조세범죄의 법정형이 장기 1년 내지 장기 3년의 징역형이므로 형사소송법 제249조 제1항 5호가 적용되어 3년의 공소시효가 인정된다.

67) 형사소송법 제249조 제1항 2호는 무기징역 또는 무기금고에 해당하는 범죄에 대하여 10년, 3호는 장기 10년 이상의 징역 또는 금고에 해당하는 범죄에 대하여 7년의 공소시효를 인정한다.

68) 독일에서도 Jahressteuergesetz(JStG)의 연방정부(재무성)개정안(Regierungsentwurf)(2008.11.28.)은 2009부터 조세범죄의 공소시효를 두 배로, 즉 기존의 5년에서 10년으로 늘리고 [§376[Verfolgungsverjäahrung] (1) Die Verjäahrungsfrist füur Fäalle der Steuerhinterziehung (§370) beträt zehn Jahre] 있는데, 이 역시 국고주의의 표현으로 이해될 수 있다.

④ 넷째, 국고주의는 조세징수를 통한 국가재정의 충실한 확보를 목표로 하기 때문에 그것이 달성되는 한 형사처벌의 필요성은 사라지게 된다. 예컨대 조세범처벌법 제6조가 조세범처벌법상의 범칙행위에 대해 조세당국의 고발 없이는 소추할 수 없게 하고 있는 것을 들 수 있다. 고발을 통한 형사처벌의 가능성도 단지 조세징수의 효율성과 시민들의 조세납부동기의 강화 및 유지라는 목표를 달성하기 위한 수단이 될 뿐이다. 따라서 형사처벌의 법정성이 조세정책보다 우위에 있는 것이 아니라 조세정책이 형사처벌의 법정성보다 우위에 있게 된다.

(2) 책임주의의 조세형법

이에 비해 책임주의는 조세범죄를 사회유해적인 행위로 보고, 그에 대한 제재를 형사벌로 이해한다. ① 첫째, 조세포탈행위에 형사불법의 전형인 사회유해성(Sozialschädlichkeit)을 인정한다는 것은 납세가 공동체유지라는 공동선을 실현하기 위한 비용의 분담이라는 점에서 조세포탈행위의 반윤리적 성격을 인정하는 것이 된다. ② 둘째, 조세포탈행위가 이처럼 형법적 의미의 죄(Schuld)라면, 그 책임은 형벌에 의해 상쇄되어야 하고, 동시에 형벌은 그 책임을 넘어서 부과되어서도 안 된다. 이를 책임의 양면성이라고 한다.[69] 그러므로 ③ 셋째, 조세범죄가 형사불법의 실질을 갖고 있다면, 그 범죄의 성립에 대한 판단은 형법의 일반원리에 따라야 한다. 예컨대 조세범처벌법 제4조 제1항 단서가 징역의 형에 처할 때에는 형법총칙규정을 온전하게 적용

69) 책임원칙의 양면성을 주장하는 대표적인 Arthur Kaufmann, *Das Schuldprinzip* (Heidelberg, 1976) 참조.

하도록 하는 것은 이를 보여준다. ④ 넷째, 조세범죄는 조세당국의 고발과 상관없이 그 책임의 양과 질에 따라 형벌에 의한 제재를 받아야 하고, 검사의 소추권은 조세당국의 고발에 의해 굴절되지 않게 된다. 예컨대 특가법 제16조가 특가법상 조세포탈죄에 대해 조세당국의 고발 없이 공소제기 할 수 있게 한다.

2. 국고주의와 책임주의의 변증

오늘날 조세형법은 국고주의와 책임주의 가운데 어느 하나의 모델에 의해 형성될 수가 없다. 양자는 변증적으로 결합되어야 한다.

(1) 국고주의와 책임주의의 결함과 변증필요성

먼저 국고주의와 책임주의는 서로 상반된 결함을 갖는다. 국고주의는 조세정책을 형법에 대해 일방적 우위에 놓는다는 점에서 조세형법의 도덕적 정당성을 흔든다. 반면에 책임주의는 형법적 정의를 조세정책의 합리성에 대해 우위에 놓는다는 점에서 조세형법의 정책적 합리성을 훼손하고 아울러 자칫 엄벌주의로 변질되기 쉽다. 바꿔 말해 국고주의에게는 시민법으로서 조세형법이 갖추어야 할 생활세계적 정당성이 취약하고, 책임주의에게는 국가법으로 조세형법이 갖추어야 할 민주적 정당성이 — 예컨대 조세범죄에 대해 전속고발제를 적용해온 의회입법의 전통을 부정한다는 점에서 — 취약하기 쉽다.

시민법으로서 조세형법과 국가법으로서 조세형법이 서로 상호보완적이어야 한다면, 국고주의와 책임주의도 조세형법이 생활세계적 정당성과 민주적 정당성을 동시에 창출할 수 있게 하기 위해 서로를 보완해주는 방향으로 변증되어야 한다. 이 변증은 가장 간략하게는 국고주의와 책임주의의 큰 특징에서 장점들을 선별하는 방식으로 표현될 수 있다. 다음의 표는 그런 선별을 보여준다. ● 항목이 선택되고 ○ 항목이 배제되는 것이다.

	국고주의(Fiskalismus)	책임주의(Schuldprinzip)
조세포탈의 본질	● 국가재정을 축소시킨 불법행위에 대한 재정보전적 손해배상책임 ● 국가의 조세권보호(행정범)	● 사회유해적인 행위에 대한 형벌 ● 공동체유지라는 공동선의 실현행위로서 그 비용의 분담(조세포탈의 반윤리성)
형사법의 기본원칙들	○ 행정범으로서 형법총칙의 배제(조세범처벌법 제4조: 벌금형에 처하는 경우에 형법 제9조, 제10조 제2항, 제11조, 제16조, 제32조 제2항 및 제38조 제1항 제2호 중 벌금경합에 관한 제한가중 규정의 배제)	● 형사범으로서 형법총칙의 철저한 적용(조세범처벌법 제4조 단서; 징역형에 처할 경우엔 형법총칙 적용)
조세당국의 처벌이니셔티브	● 전속고발 (조세범처벌법 제6조)	○ 전속고발의 배제(특가법 제16조) ○ 기소법정주의
징벌적 제재	○ 배수벌금형제도의 채택 (현행법 포탈액의 ×5배까지)	● 배수벌금형제도의 배제
미래의 공통된 발현	● 이중위험금지원칙(예: 조세범처절차법 제11조) ● 신뢰보호원칙 ● 비례성원칙 등	

그런 변증의 방안을 핵심적인 두 가지 점을 예로 하여 설명해보기로 한다.

(2) 책임원칙의 관철

먼저 책임주의의 모델에 실현되어 있는 형법상 책임원칙(Schuldprinzip)을 조세형법에서도 관철하는 것이 필요하다.

(가) 책임능력 ‘책임 없이는 범죄도 없고 형벌도 없다’는 책임원칙에서 책임은 책임능력을 전제한다. 책임능력 없이는 범죄도 없고, 형벌도 없어야 되는 것이다. 그렇기에 국고주의처럼 책임능력 없이 범죄를 행한 자를 형사처벌 하는 것은 조세형법의 도덕성을 크게 훼손시킨다. 아무리 벌금형이라고 할지라도 그것이 갖는 도덕적 비난의 효과나 전과자로의 낙인효과를 고려하면 책임능력 없는 자에게 형벌을 부과하는 것은 타당하지 않다.

(나) 법률의 착오 책임원칙은 벌금형으로 처벌되는 조세범죄에 대해서도 법률의 착오를 인정할 것을 요구한다. 벌금형이 조세범죄의 경우에 상당한 수준이고, 미납할 경우에는 노역장 유치 등을 통해 자유형의 성격을 잠재적으로 갖고 있기 때문이다.

(다) 종범의 형감경 벌금형으로 처벌되는 조세범죄에서 종범의 법률상 형감경(형법 제32조 제2항)을 인정하지 않는 것도 책임원칙에 반한다. 조세범죄의 불법을 실현하는 데 기여도의 차이가 형벌의 차이로 이어져야만 그 형벌이 도덕적 정당성을 가질 수 있기 때문이다.

(라) 벌금경합가중의 제한 확정되지 않은 수 개의 조세

범에 대해 벌금형을 부과하는 경우에 실무는 "형법 제38조 제1항 제2호 중 벌금경합에 관한 제한가중규정"("가장 중한 죄에 정한 장기 또는 다액에 그 2분의 1까지 가중하되 각 죄에 정한 형의 장기 또는 다액을 합산한 형기 또는 액수를 초과할 수 없다")을 배제한다는 의미를 '각 죄마다 벌금형을 따로 양정하여 이를 합산한 액수의 벌금형을 선고할 수 있다'는 것으로 본다.[70] 이런 실무는 특가법상의 조세포탈죄에 대해 벌금형을 자유형에 병과하는 경우나 양벌규정에 의하여 법인 또는 개인 등 업무주를 처벌하는 경우에도 적용되고 있다. 헌법재판소는 벌금경합가중제한의 배제를 합헌으로 보고 있다.[71]

---

70) 대판 1996.5.31, 94도952: "특정범죄가중처벌 등에 관한 법률 제8조 제1항이 조세범처벌법 제9조 제1항에 규정된 죄를 범한 자를 가중처벌하도록 하면서 같은 조 제2항에서 벌금형을 병과하도록 규정하고 있는데, 이와 같이 벌금형을 병과하는 경우에도 …(중략)… 판결이 확정되지 아니한 수개의 조세포탈행위를 동시에 벌금형으로 처벌함에 있어서는 형법 제38조 제1항 제2호 본문에서 규정하고 있는 '가장 중한 죄에 정한 벌금다액의 2분의 1을 한도로 가중하여 하나의 형을 선고하는 방식'을 적용하지 아니한다는 취지로 해석하여야 하는 것이지, 단지 위 형법조항의 본문 중 후단 부분인 '각 죄에 정한 벌금형의 다액을 합산한 액수를 초과할 수 없다'는 부분만의 적용을 배제한다는 취지로 해석할 수는 없다. 따라서 판결이 확정되지 아니한 수개의 죄에 대하여 벌금을 병과하는 경우에는 각 죄마다 벌금형을 따로 양정하여 이를 합산한 액수의 벌금형을 선고하여야 한다."

71) 헌재결 1998.5.28, 97헌바68: "조세범처벌법 제4조 제1항은 조세포탈행위에 대한 벌금형의 병과에 있어서 벌금경합에 관한 형법상의 제한가중규정인 형법 제38조 제1항 제2호의 적용을 배제하도록 규정하고 있다. 그러나 수개의 조세포탈행위에 대한 처벌에 있어서 형법상의 벌금제한가중규정을 준용할 것인가의 문제는 결국 조세포탈죄

하지만 벌금형도 언제든지 노역장유치로 전환될 가능성이 있고, 벌금형 자체가 본래 자유형을 '대체'하는 제재의 성격을 띠기 때문에 자유형을 부과할 때 경합범가중의 제한은 벌금형에서도 똑같이 인정되어야 한다. 경합범의 경우에 각 범죄의 책임에 상응하는 자유형을 단순 합산하지 않는 것은 범죄를 수개 범한 경우에 책임의 양이 그에 정비례해서 늘어나지 않기 때문이다. 즉, 범죄를 범할수록 범죄를 하지 않는 반대동기를 형성하기가 점점 더 어려워지고, 그에 따라 법을 외면하고 불법을 선택한 결정의 비난가능성이 점점 약화되기 때문이다.

(마) 선택형으로서 벌금형 등 특히 이러한 벌금경합의 제한가중규정의 배제가, 그 자체로서 역시 위헌소지가 매우 높은[72] 자유형과 벌금형의 병과(특가법 제8조 제2항), 배수벌금제(처벌법 제9조 제1항) 그리고 양벌규정(처벌법 제3조)과 결합하여 관철된다면, 책임원칙은 더욱더 심각하게 침해된다. 이런 책임원칙의 침해는 책임형벌의 정의실현은 사라지고, 조세정책적 목표의 달성이라는 기치만 드높이는 국고주의의 절정을 보여준다.

의 법정형에 관한 문제이고 국가의 입법정책에 속하는 문제로서, 조세포탈범의 처벌에 있어서 그 행위의 반사회성, 반윤리성에 터 잡아 그에 대한 징벌의 강도를 높이기 위해 위와 같이 일부 형법규정의 적용을 배제한 입법자의 의도는 우리의 경제현실이나 사회실정 및 국민의 법감정을 고려할 때 합리적인 것이라 할 수 있고 그것이 형벌체계상의 균형을 잃고 형벌 본래의 목적과 기능을 넘어선 과잉처벌이라고 볼 수 없으므로 위 조세범처벌법 조항은 헌법 제11조의 평등의 원칙이나 헌법 제37조 제2항에서 유래하는 과잉금지의 원칙에 위배된다 할 수 없다."

72) 뒤의 [2].III.3. 참조.

(3) 체계통합의 전문성과 정당성

다음으로 국고주의의 모델에 전형적인 전속고발제가 민주적 법치국가의 조세형법체계를 구성하는 원리로 유지될 필요가 있다.

(가) 조세당국의 전문성 본래 국고주의에서 전속고발은 조세범죄에 해당하여도 예컨대 자진납부하거나 세무조사에 협조하면 고발하지 않는 이익을 줌으로써 조세징수율을 최대로 높이는 장치이다. 이 장치는 조세형법에 위반한 행위들의 형사처벌여부, 형법적 정의의 실현 그 자체에 별 관심을 두지 않는다. 이를 형법적 정의에 대한 '맹목성'이라고 개념화할 수 있다.

그러나 이 맹목성은 조세사건에 대한 통제정책에서 조세당국의 '전문성'으로 재해석될 수 있다. 먼저 국가법으로서 조세형법은 포괄적으로 모든 조세포탈을 강력하게 처벌하는 (과잉)범죄화정책을 수행하고 있다. 전형적인 형사사건이 아닌 행정적 형사분쟁, 즉 행정적 해결로 충분한 사건이 형사 사건화 되어 있는 것이다. 이처럼 납세의무의 위반이 광범위하게 포괄적으로 범죄화되어 있는 데에 반해, 시민들은 끊임없이 그 납세의무와 그것을 설정하는 세법에 대해 불복종하고, 때로는 시민불복종운동을 펼치며, 헌법재판을 추진한다. 즉 시민법으로서 조세형법은 언제나 정당성이 의심받고 불복종운동의 대상이 되는 경향이 있다. 그런 속에서 조세당국이 고발하지 않으면 조세범죄로 소추할 수 없게 하는 장치는 그처럼 국가법으로서 조세형법과 시민법으로서 조세형법의 간극, 즉 민주적 정당성과 생활세계적 정당성 사이의 간극에도 불구하고, 조세징수율을 최고로 높이는 전략적 장치로서 기능한다. 이는 마치 민사사건이 광범위하게 형사 사건화 되고 검사가 기소유예의 가능성을 무기로 가해자와 피해자 사이의 화해와 합의를 이끌어내 민사분쟁을 해결하는 현상에 견줄 수 있다.

조세형법이 살인범죄와 같이 실천이성에 반하는 범죄가 아니라 국가재정의 효율적 확보라는 목적의 실현과 조세징수체계의 기능 유지에 지향되어 있는 것이라면 조세징수율을 최대화하는 전속고발권의 행사는 조세당국의 직무경험 속에서 그 구체적인 가이드라인이 마련될 수 있다. 이를테면 다양하고 복잡한 조세사건의 특성을 분석하고 세분화된 유형을 만들며, 각 유형들마다 제재와 처벌의 수위를 납세자들의 납세동기를 유지하고 높이는 방향으로 조절하는 합리적 통제의 기준들이 마련될 수 있다. 전속고발권은 이와 같은 조세당국의 전문성을 구현할 수 있게 하는 제도적 장치가 된다.

(나) 조세체계와 법체계의 통합 둘째, 전속고발제도의 이와 같은 국고주의적 의미는 현대사회에서 조세형법의 합리성을 구성하는 제도로 재해석될 수 있다. 사법기관은 실정법상 범죄가 인정되면 입건하고, 소추하고, 재판을 하여 처벌하는 것을 정의로 이해하는 경향이 높다. 다시 말해 국가의 형사사법기관은 국가법으로서 조세형법의 관철에만 일방적으로 쏠려 있는 셈이다. 조세형법의 문언에 해당하는 행위가 있으면 중대한 범죄로 보고, 게다가 포탈세액이 일정액 이상이면 특정범죄 가중처벌 등에 관한 법률의 굴절 없는 관철은 의심할 바 없는 정의(법적 정의)라고 바라본다. 이에 반해 조세당국의 고발권 행사는 시민사회의 조세저항을 일정한 수준으로 관리하고(바꿔 말해 조세징수율을 일정 수준으로 높이고 유지시키면서), 정책적으로 설정

된 국가재정확보의 목표를 달성하는 데 필요한 범위에서만, 그리고 복잡하고 다양한 조세일탈사건의 특성들을 전문적으로 분석하여 자체적으로 마련한 '형평 있고' '일관된' 통제 및 제재기준(고발기준) 아래서 이루어질 수 있다. 바로 이 점에서 전속고발제도는 사법(체계와 기관)의 경직된 법적 정의의 논리가 조세라는 경제영역에 무차별적으로 침투해 들어오는 것을 조절하는 기제로 작동할 수 있다. 그러니까 전속고발제도는 조세체계의 '합리성'과 사법체계의 '정의'라는 체계 사이의 충돌을 조정하고 조화를 꾀할 수 있게 한다. 현대사회에서 경제체계와 법체계와 같은 사회체계들 사이의 갈등은 구조화(합리성 괴리[73])되어 있는 것이라는 점을 고려할 때, 전속고발권은 현대사회에서 체계들 사이에 통합(Systemintegration)을 도모하는 기제가 된다. 또한 이 체계통합은 국가법으로서의 조세형법과 시민법으로서의 조세형법 사이의 간극을 메우는 이음매로서 기능하는 것이다. 이런 체계통합을 외면하는 형법, 시민법으로서의 형법의 생활세계적 정당성에 무관심한 국가형법은 사회적 합리성을 가질 수 없고, 그런 형법은 정당성을 창출할 수도 없다.

(4) 새로운 발전의 차원

국고주의와 책임주의의 변증은 단지 기존의 제도들 가운데 합리적으로 선별하는 방식으로 완성되는 것이 아니다. 기존의 제도들을 한 단계 더 발전시키는 새로운 차원이 요구된다. 이

73) 이에 관해 이상돈, 『기초법학』 (법문사, 2008), 34~35쪽; 자세히는 양천수, "합리성 개념의 분화와 충돌: 독일의 논의를 중심으로," 『법과 사회』(31호, 2006), 211~234쪽 참조.

새로운 차원은 이중위험금지원칙이나 신뢰보호원칙, 비례성원칙(특히 수사비례원칙) 등에 의해 조세형법의 도덕적 정당성이나 생활세계적 정당성을 높이고, 조세체계와 형사사법체계 사이의 기능적 분업과 통합이라는 체계의 합리성을 높이는 것이다. 이에 관해서는 [4] 단락에서 자세히 논의하기로 한다.

III. 특가법상 조세포탈죄의 위헌성

조세형법의 정당성기초에서 논의한 바를 바탕으로 조세형법의 핵심인 조세포탈죄, 특히 특가법상의 조세포탈죄의 정당성을 헌법질서 속에서 판단에서 판단해보기로 한다. 이 판단을 통해 조세형법의 정당성기초는 좀더 구체적인 내용을 얻게 된다.

1. 조세포탈죄의 위헌성심사 구조

조세포탈죄의 위헌성 심사는 세 가지 토포스(Topos)에서 이루어진다. 첫째, 조세포탈은 각종 세법상의 납세의무를 위반함을 금지의 실질로 삼는다. 따라서 납세의무를 부과하는 세법의 정당성이 헌법재판에서 심사될 수 있다. 이 심사는 흔히 '조세형평'의 의미에 초점이 맞춰진다. 재산권보장과 경제활동의 자유와 같은 자유주의 이념의 실현과 소득의 재분배라는 실질평등 이념이 민주적 법치국가의 헌정질서 속에서 자리다툼을 벌인다. 만일 납세의무를 설정하는 세법규정이 위헌이면, 조세포탈죄의 적용도 그 한에서 위헌이 된다. 이때 헌법재판은 조세포탈죄의 한정위헌결정의 형식을 취한다. 아래서는 이 첫 번째의 토포스에서 등장하는 위헌성 문제는 다루지 않는다. 이 문제는 수많은 세법규정에 대하여 개별적으로 판단되어야 하기 때문이다.

둘째, 두 번째 토포스는 조세범처벌법이다. 조세포탈은 조세범처벌법 제9조에 의해 납세의무의 위반이 사기 기타 부정한 행위로써 이루어질 때 비로소 성립한다. 이때 "부정한 행위"라는 구성요건표지의 의미가 매우 불명확하다는 점에서 명확성원칙의 위반혐의를 완전히 벗어나기가 어렵다. 그렇기에 부정한 행위의 의미는 매우 제한적으로 해석될 필요가 있다.[74] 또한 3배수 벌금제도 등도 책임원칙에 위배되는 지가 문제된다.

셋째, 세 번째 토포스는 특정범죄 가중처벌 등에 관한 법률 제8조가 포탈세액의 규모에 따라 가중처벌하는 문제이다. 포탈세액의 규모가 10억원 이상, 5억원 이상이라는 점만으로 조세포탈죄의 불법이 각각 무기나 징역 5년 이상, 그리고 징역 3년 이상의 형벌이 필요할 만큼 증가되는지 의문이다. 게다가 2배 내지 5배의 벌금을 자유형과 함께 선고(병과)할 수 있게 하는 것도 강한 위헌소지를 안고 있다.

두 번째와 세 번째의 위헌성심사의 토포스는 형벌의 적정성심사라고 할 수 있다.

74) 이에 관해 자세히는 아래 [2].II.1(나) 및 [5].III.2. 참조.

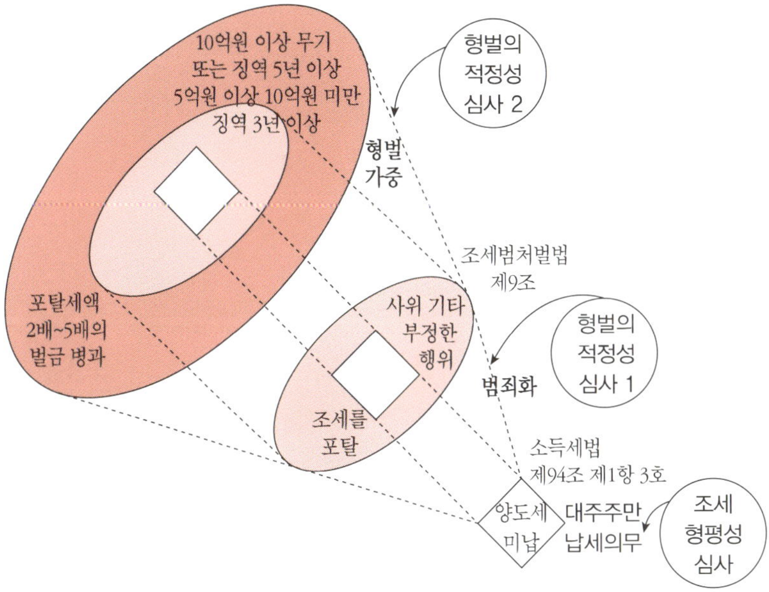

2. 형벌체계의 균형상실과 입법재량의 한계

헌법재판소의 결정에 의하면 특가법 제8조가 규정하는 처벌의 과잉성은 법관이 구체적 사정을 고려한 양형을 하고 법률상 감경이나 작량감경규정(형법 제53조)을 적용함으로써 제거될 수 있다고 본다. 이로써 특가법 제8조의 가중처벌은 형사처벌의 과잉성(균형성) 판단에 관해 인정되는 '입법자의 재량권'(형성의 자유) 범위 안에 있게 된다. 그러나 입법자에게 헌법재판소가 인정하는 형성의 자유영역(재량영역)은 형법이론적 논증을 통해 축소시키는 것이 바람직하다.[75)]

75) 이상돈, 『헌법재판과 형법정책』 (고려대출판부, 2005), 106~112쪽.

(1) 자유형의 형벌체계내적 불균형

즉, 무엇보다도 '도덕적 이중구조'를 갖고 있는 조세포탈행위의 법정형이 '무기 또는 5년 이상의 징역'인 것은 시간과 공간을 넘어 보편타당성이 인정되는 반도덕적 범죄행위인 살인행위(형법 제250조 제1항)의 법정형(사형, 무기 또는 5년 이상의 징역)과 ―인권침해적인 사형을 제외한다면― 똑같다는 것은 형법이론적으로는 책임원칙(Schuldprinzip)에 위반된다고 볼 수 있다.

(가) 형법상 책임원칙과 헌법상 비례성원칙의 차이 　이는 헌법재판소가 말하는 "형벌체계상의 균형을 잃어버린 것"에 해당하므로 헌법재판소의 논증 안에서 보아도 입법재량의 범위를 넘어선 것이 된다. 그럼에도 불구하고 합헌으로 판정한 위 헌재결정은 논증의 부정합(incoherence)을 보이고 있다고 할 수 있다. 이 논증의 부정합성은 헌법상 과잉금지원칙(헌법 제37조 제2항)을 상당한 정도로 약화시켜서 사용함으로써 발생한다. 이럴 경우에 입법자의 재량권은 어느 정도까지는 형법상 책임원칙에 위배됨에도 불구하고 위헌 판정을 받지 않을 권리를 의미하게 된다. 이 입법재량권에 의해 헌법상 과잉금지원칙의 효력영역은 형법상 책임원칙의 그것보다 좁게 설정된다. 다시 말해 입법재량권은 형벌체계의 위와 같은 불균형을 무시할 수 있는[76] 권한까지 포함하는 것이고, 따라서 특가법 제8조의 자유형가중은 과잉금지원칙에 위배되지 않는다고 말하게 되는 것이다.

(나) 위헌성과 강한 위헌소지 　하지만 특가법 제8조의 형

76) 이러한 헌법의 형법불존중에 관해서 이상돈, 『헌법재판과 형법정책』(고려대출판부, 2005), 51~56쪽.

벌가중은 형법상 책임원칙에 위배된다는 점에서 적어도 '위헌소지가 강하다'라고는 말해야만 한다. 물론 나처럼 형법이론적 요청을 헌법상 비례성원칙의 판단에 수용해야 한다고 본다면,[77] 바꿔 말해 형법의 헌법형성을 인정한다면, 특가법 제8조의 가중처벌은 비례성원칙에 명확하게 위배된다고 말할 수 있다.

(2) 벌금형의 입법재량성

과잉금지원칙에 대한 지배적인 이해에 의하면, 특가법 제8조 제2항이 조세포탈액의 2배 내지 5배의 벌금을 병과[78]하게 하는 것도 과잉처벌이 아닐 수 있다. 특히 헌법재판소는 위 결정에서 작량감경규정을 적용하면 조세포탈액에서 그것의 2.5배까지 벌금액이 감액되고, 또한 선고유예(형법 제59조)도 가능하다는 점에서 과잉처벌이 아니라고 보았다. 즉 벌금병과에 의해 조세포탈자가 내야 하는 돈의 '가치'(이익)가 조세포탈행위가 침해하는 '가치'(국가적 법익으로서 국가의 조세권)와 비교형량 할 때 더 우월한 가치는 아니라고 판단하는 것이다. 물론 이 가치형량이 타당한 것일 수도 있고, 따라서 비례성원칙(헌법 제37조 제2항)에 위배된다는 판단을 단정지을 수는 없다. 입법자의 재량권은 그 정도의 가치형량을 할 자유를 포함한다고 볼 수 있기 때문이다.

77) 이상돈, 『헌법재판과 형법정책』(고려대출판부, 2005), 108~112쪽.

78) 현행법상 벌금병과규정으로는 경륜·경정법 제28조; 계량에 관한 법률 제46조 내지 제48조; 관광진흥법 제81조; 방문판매 등에 관한 법률 제53조, 제54조; 산림자원의 조성 및 관리에 관한 법률 제72조 제1항; 소비자생활협동조합법 제21조 등을 들 수 있다.

3. 벌금의 병과와 재산권의 본질적 침해

그러나 조세포탈액의 2배 내지 5배에 달하는 벌금의 병과가 비록 비례성원칙에 위배되지는 않는다고 할지라도 주식양도차익뿐만 아니라 주식원금을 일부 박탈할 수 있다는 점에서 그 자체만으로도 재산권(헌법 제23조 제1항)을 박탈하지 않는가 하는 의문을 제기할 수 있다. 이런 박탈이 재산권의 본질적 내용을 침해하는 것인지에 대한 헌법적 판단의 기준이 마련되어 있지는 않다.

여기서 벌금형의 형법이론적 의미에 대한 분석과 벌금형의 한계를 이해할 필요가 있다. 먼저 벌금형은 재산형(Vermögensstrafe)처럼 범죄자의 재산권 그 자체를 박탈하는 데 그 본질이 있지 않으며, 범죄예방의 목적을 달성하는 유일무이한 수단인 것도 아니다. 형법상 책임원칙에 의하면 벌금형의 범죄예방효과는 어디까지나 과거에 행한 범죄의 책임을 넘지 않는 범위에서만 추구할 것(책임의 형벌제한)을 요구한다.

(1) 자유형의 책임을 넘는 벌금의 형벌체계교란

(가) 자유형과 선택형으로서 벌금형 벌금형(형법 제41조 6호)은 형법체계에서는 원칙적으로 자유형(형법 제41조 2호)보다 경한 형벌이지만 자유형과 '선택적'으로 부과되는, 자유형을 대체하는 형벌이다.

예컨대 살인죄는 중한 범죄라서 어떤 벌금형으로도 대체될 수 없기에 사형, 무기, 징역형으로만 처벌된다. 이에 비해 상해죄는 7년 이하의 징역, 10년 이하의 자격정지 또는 1천만원 이하의 벌금으로 처벌된다. 5만원 이상(제45조) 1천만원 이하의 벌금이라는 형벌범위는 7년 이하의 징역과 상응하는 것으로 보는 셈이다.

벌금형의 범위를 정하는 것은 물론 입법자의 재량이다. 헌법재판소도 특가법상 조세포탈죄의 벌금병과규정을 합헌으로 바라보았다.

[특가법상 조세포탈죄의 벌금병과의 합헌결정] "조세포탈범에 대한 벌금형의 필요적 병과여부는 원칙적으로 입법정책의 문제로서 이 사건 규정의 벌금형의 필요적 병과는 조세포탈행위의 반사회성, 반윤리성에 터 잡아 거액의 조세포탈자에게 경제적인 불이익을 가하고, 아울러 그가 부정하게 취한 이득을 박탈함으로써 국민의 납세윤리를 확립하여 건전한 사회질서의 유지와 국민경제의 발전에 기여하고자 하는 입법목적에서 비롯된 것인바, 법관은 정상에 따라 벌금형을 감액할 수도 있고, 벌금형만을 선고유예 할 수도 있으므로 이 사건 규정이 벌금형을 반드시 병과하도록 하였다 하더라도 형벌체계상의 균형을 잃은 것이라거나 범행자를 귀책 이상으로 과잉처벌하는 것으로 보기는 어렵다. 한편 법정형은 법관으로 하여금 구체적 사건의 정상에 따라 그에 알맞은 적정한 선고형을 이끌어 낼 수 있도록 그 폭을 넓게 규정하는 것이 바람직하나 입법자가 법정형 책정에 관한 여러 가지 요소의 종합적 고려에 따라 법률 그 자체로 법관에 의한 양형재량의 범위를 좁혀 놓았다 하더라도 그것이 당해 범죄의 보호법익과 죄질에 비추어 범죄와 형벌 간의 비례의 원칙상 수긍할 수 있는 정도의 합리성이 있다면 이러한 법률을 위헌이라고 할 수 없을 것인데, 입법자가 이 사건 규정에서 벌금형을 필요적으로 병과하도록 하고 있는 것은 일정액 이상의 조세포탈범에 대하여 그 위법성과 비난가능성의 정도를 높게 평가하여 징벌의 강도를 높이고자 한 결단에서 비롯된 것이므로 법관의 양형재량권을 침해하고 있다고 볼 수 없다.[79] …(중략)… 헌법 제13조 제1항은 "모든 국민은 … 동일한 범

죄에 대하여 거듭 처벌받지 아니한다"고 규정하여 이른바 '이중처벌금지의 원칙'을 규정하고 있다. 이 원칙은 한 번 판결이 확정되면 동일한 사건에 대해서는 다시 심판할 수 없다는 것으로 국민의 신체의 자유를 보장하기 위한 것이다. 그런데 이러한 이중처벌은 처벌 또는 제재가 동일한 행위를 대상으로 하여 거듭 행해질 때 발생하는 문제로 이 사건과 같이 벌금형을 선고받는 자가 그 벌금을 납입하지 않은 때에 그 집행 방법의 변경으로 하게 되는 노역장 유치와는 관련이 없다. 벌금형에 대한 노역장 유치는 이미 형벌을 받은 사건에 대해 또 다시 형을 부과하는 것이 아니라 단순한 형벌 집행 방법의 변경에 불과한 것이다. 따라서 청구인의 이 부분 주장은 이유 없다 할 것이다."[80]

하지만 형벌이론적으로 보면 오늘날 널리 타당성을 인정받는 일수벌금제도(day-fine system, Tagessätze Strafe)나 노역장유치제도에 견주어 볼 때 벌금형은 아무리 높게 잡아도 <범죄자의 일일평균근로소득액 × 자유형의 일수>를 넘지 않는 선에서 정해져야 책임원칙에 부합한다. 가령 특가법상 조세포탈죄의 징역형의 하한선인 5년의 총 일수에다 조세포탈자의 일일평균근로소득을 곱한 액수를 넘어선다면 그 벌금형은 책임원칙에 위배된다고 볼 수 있다.

가령 5억원의 조세포탈행위에 대해 징역 3년(집행유예 5년)이 선고 되었고, 그 조세포탈자의 일일평균근로소득이 20만원이라면 3 × 365일 × 20만원 = 2억1천9백만원의 벌금형이 징역형에 상응하는 책임의 양이 된다. 그러나 특가법 제8조 제2항은 5억원의 조세포탈액에 대하여 최소 10억에서 25억원의 벌금을 부과한다.

---

79) 이상의 부분은 헌재결 1998.5.28, 97헌바68에서 이미 판시된 부분임.
80) 헌재결 2005.7.21, 2003헌바98(전원재판부).

그러므로 특가법 제8조 제2항은 자유형보다 벌금형을 경한 선택형으로 바라보는 형법상의 형벌체계(형법 제41조, 제50조)를 교란시킨다. 이 점은 벌금형의 본래적 목적이 피고인이 사회생활을 계속 할 수 있게 하는 형벌의 완화에 있다는 점에서도 쉽게 이해된다. 왜냐하면 2배 내지 5배의 과도한 벌금의 병과는 자칫 피고인의 경제력을 치명적으로 박탈시킴으로써 자유형 이상으로 사회경제생활의 참여를 어렵게 만들 수도 있기 때문이다.

[미국의 조세포탈죄에서 벌금형] 미국에서 조세포탈은 Internal Revenue Code(1954년) 제75장(조세범죄규정)에서 규율된다. 우리나라의 조세포탈죄에 해당하는 제7201조는 "누구든지 방법을 막론하고 고의로 본법에 의하여 부과되는 조세나 그 납부를 회피, 무효화시키려고 하는 자는, 다른 처벌과 별개로, 이를 중죄(Felony)로 취급하며, 10만 불 이하의 벌금(법인의 경우 50만 불) 또는 5년 이하의 징역 또는 양자를 병과할 수 있다. 어느 경우이든지 소추비용은 범칙자가 부담한다"[81]고 규정한다. 벌금병과제도가 있긴 하지만 총액벌금이 배수벌금이 아니라 10만 불(약 1억3천만원)을 상한선으로 하기 때문에 책임원칙에 위배될 소지가 훨씬 적다.

(나) 책임을 넘어서는 자유형과 벌금의 병과

벌금병과규정

81) Internal Revenue Code(1954년) 제75장 제7201조: Any person who willfully attempts in any manner to evade or defeat any tax imposed by this title or the payment thereof shall, in addition to other penalties provided by law, be guilty of a felony and, upon conviction thereof, shall be fined not more than $100,000 ($500,000 in the case of a corporation), or imprisoned not more than 5 years, or both, together with the costs of prosecution.

은 또 다른 의미에서 책임원칙에 위배되기 쉽다. 이 점은 독일 형법 제41조에 대한 논란에서 이해할 수 있다. 이 규정은 실무상으로도[82] 몰수와 같은 재산형이 아니고, 자유형과 벌금을 병과한 형량 전체가 피고인의 책임(Schuld)을 넘지 않아야 한다고 이해된다. 다시 말해 형벌범위를 확장하는 것이 아니라 벌금을 병과하려면 그에 상응하는 자유형이 삭감되어야 한다는 것이다. 그러나 독일과 같이 일수벌금제도를 채택하지 않고 총액벌금형제도를 취하고 있는 우리나라에서는 벌금형의 병과에 따라 어느 정도의 자유형이 삭감되어야 하는지를 계산하는 기준이 없다. 이런 문제점으로 인해 자유형에 대한 벌금의 병과는 법관의 자의적인 판단에 내맡겨지기 쉽고, 바로 그런 점에서 벌금의 병과는 형법상 책임원칙에 상응하는 벌금형이 되기 어렵다는 비판[83]을 받게 된다.

(2) 몰수를 넘어서는 벌금의 보안처분적 재산권박탈

특가법 제8조가 규정하는 벌금병과제도는 위헌적인 재산형의 성격을 띠기 쉽다.

(가) 몰수와 같고 다른 점　　첫째, 이 점을 이해하기 위해 벌금의 병과를 몰수와 비교해 볼 수 있다. 벌금의 병과는 몰수와 같이 다른 형벌과 함께 부과된다는 점에서는 실질적으로는

82) 이런 입장의 독일연방대법원판결로는 BGHSt 32, 67 참조.

83) 이런 관점으로 서보학, "형법상 법죄수익 몰수의 필요성과 법치국가적 한계," 『안암법학』(5호, 1997), 84~112(특히 103, 104)쪽; 박미숙, "현행법상 벌금형병과제도의 문제점과 개선방안," 『형사정책연구소식』(81호, 2004), 2~9쪽 참조.

'부가형'(附加刑)이라 할 수 있다.[84] 물론 몰수는 물건, 예컨대 "범죄행위로 인하여 생하였거나 이로 인하여 취득한 물건"(제48조 제1항 2호)에 대하여 부과되는 형벌이고, 유죄의 재판을 아니할 때에도 부과될 수 있다(형법 제49조 단서)는 점에서 유죄의 재판을 전제하는 금전벌인 벌금과 다르다. 하지만 몰수할 "물건을 몰수하기 불능한 때에는 그 가액을 추징한다"(제48조 제2항)는 점을 고려할 때 "범죄행위로 인하여 생하였거나 이로 인하여 취득한 물건"이란 '범죄행위로 인하여 생하였거나 이로 인하여 취득한 가액'으로 재구성할 수 있다. 이렇게 되면 조세포탈세액을 벌금형으로 병과하는 것은 마치 자유형을 부과하고 조세포탈로 인하여 생한 가액(즉 조세포탈세액)을 몰수하는 것과 유사해진다.

(나) 벌금병과의 보안처분적 성격 둘째, 벌금병과가 사실상 몰수의 기능을 수행하는 점에 대한 비판[85]은 물론 타당하지만, 여기서는 일단 제쳐놓기로 한다. 제도의 본래적 기능에 대한 체계적 정돈이라는 문제보다 더 중요한 점은 실천적인 문제이다. 벌금병과가 설령 몰수제도의 기능을 수행해도 무방하다고 본다면, 앞의 설명에서 보듯 조세포탈에 대한 벌금병과는 조세포탈세액을 넘어서서는 안 된다는 결론이 도출된다. 가령 4억원짜리 다이아몬드를 절도하여 처분한 절도범에게 징역 2년

84) 같은 관점으로 이정민, "자유형과 벌금형의 병과," 공정거래위원회 발표문(2007) 참조.

85) 서보학, 앞의 논문, 102쪽: "범죄로부터 생긴 불법수익을 박탈하는 것은 몰수제도의 고유한 기능인 것이며 벌금형이 이 기능을 떠맡는 것은 몰수제도의 취지를 무색게 하는 월권행위라 하지 않을 수 없다."

을 선고하고 다이아몬드의 행방을 알 수 없어서 그 가액인 4억원을 추징한다는 점을 고려한다면, 5억원의 조세포탈행위에 대해 3년의 징역형을 선고할 때 병과하는 벌금도 5억원을 넘어서는 안 된다. 그 이상의 벌금형은 형벌의 성격을 넘어서 오로지 미래의 탈세를 막겠다는 '보안처분'의 성격을 띠는 재산권박탈에 해당한다. 이런 점에서 포탈세액의 2배에서 5배에 이르는 벌금은 재산권에 대한 과잉 제한이 된다.

(3) 징벌적 벌금의 이중처벌성

(가) 징벌적 손해배상과 일사부재리의 미적용 일탈행위자가 부담해야 하는 금전적 부담이 그가 저지른 법익침해결과의 가액보다 몇 배씩이나 되는 제재의 형태로 지금까지 논의된 것은 오로지 징벌적 손해배상제도뿐이다. 가령 공인회계사가 부실감사로써 투자자의 투자실패라는 손해를 끼쳤을 때 그 손해배상을 [투자자가 직접 받은 손해(=투자정보권침해)의 액]의 3배 정도까지 높인다.[86] 이런 제재는 중간법(middle law)이라고 불리는 현상[87]에 속한다. 특가법 제8조 제2항의 벌금형은 침해된 조

86) 자세하게는 이상돈, 『부실감사법』 (법문사, 2007), [7]Ⅱ.1.(2)를 참조.

87) 중간법은 공법, 사법, 형법의 중간지대에 위치하는 법으로서 독일에서 논의된 [예를 들어 Hassemer(배종대 · 이상돈 편역), 『형법정책』, 1998, [7] 단락, 209쪽; Lüderssen, *Die Krise des öffentlichen Strafanspruchs*, (Alfred Metzner Verlag, 1989), 37쪽 아래; Naucke, *Die Wechselwirkung zwischen Strafziel und Verbrechensbegriff*, 1985, 35쪽 참조] '간섭법'(Interventionsrecht)이나 미국의 '민사제재금'(civil money penalties) 제도 [미국에서는 거의 모든 금융감독분야에 운영되고 있는데, 이에 대해서는 박정유, "민사제재금(civil money penalties)제도에 관한 고찰(Ⅰ, Ⅱ) — 미국 1934년 증권거래법을 중심으로," 『증권조사월보』(1996/

세채권액의 2배 내지 5배를 규정한다는 점에서 그 실질은 벌금형이라기보다는 징벌적 손해배상의 성격을 띤다고 할 수 있다. 그러므로 여기서 징역형과 벌금형의 병과가 갖는 위헌성 문제는 단순한 병과의 문제가 아니라 징역형과 징벌적 손해배상을 함께 부과할 수 있는가의 문제가 된다.

[과징금의 형사처벌적 성격을 부정한 헌재결정] 이와 관련하여 징벌적 손해배상은 아니지만 그것과 함께 중간법적 제재에 속하는 과징금에 대하여 헌법재판소는 형사처벌이 아니므로 형사처벌과 아울러 과징금을 병과하여도 이중처벌금지원칙(헌법 제13조 제1항)에 위반되지 않는다고 보았다: "행정권에는 행정목적 실현을 위하여 행정법규 위반자에 대한 제재의 권한도 포함되어 있으므로, '제재를 통한 억지'는 행정규제의 본원적 기능이라 볼 수 있는 것이고, 따라서 어떤 행정제재의 기능이 오로지 제재(및 이에 결부된 억지)에 있다고 하여 이를 헌법 제13조 제1항에서 말하는 국가형벌권의 행사로서의 '처벌'에 해당한다고 할 수 없는바, 구 독점규제및공정거래에관한법률 제24조의2에 의한 부당내부거래에 대한 과징금은 그 취지와 기능, 부과의 주체와 절차 등을 종합할 때 부당내부거래 억지라는 행정목적을 실현하기 위하여 그 위반행위에 대하여 제재를 가하는 행정상의 제재금으로서의 기본적 성격에 부당이득환수적 요소도 부가되어 있는 것이라 할 것이고, 이를 두고 헌법 제13조 제1항에서 금지하는 국가형벌권 행사로서의 '처벌'에 해당한다고는 할 수 없으므로, 공정거래법에서 형사처벌과 아울러 과징금의 병과를 예정하고 있더라도 이중처벌금지원칙에 위반된다고 볼 수 없으며, 이 과징금 부과처분에 대하여 공정력과 집행력을 인정한다고 하여 이를 확정판결 전의 형벌집행과 같은 것으로 보아 무죄추정의 원칙에 위반된다고도 할 수 없다."[88]

---

9 · 11) 참조]. 그리고 우리나라의 과징금제도를 들 수 있다.

88) 헌재결 2003.7.24, 2001헌가25.

헌법재판소의 위 결정처럼 헌법 제13조 제1항 후단을 단지 '이중처벌금지원칙'(또는 일사부재리원칙)으로만 이해하는 입장에서 보면, 조세포탈죄에서 병과되는 벌금을 실질적으로 징벌적 손해배상으로 이해한다고 해도 헌법 제13조 제1항 후단에 위배되는 것은 아니다. 또한 2배 내지 5배의 벌금을 책임에 상응하는 형벌로 보더라도 징역형과 벌금형을 동시에 부과하는 경우에 동일한 사건에 대한 확정판결이 있는 것이 아니라는 점에서도 헌법 제13조 제1항 후단이 적용되지 않는다.

[재산형에 대한 독일연방헌법재판소의 위헌판결] 이에 비해 독일연방헌법재판소는 무기 또는 2년 이상의 자유형에 처하는 범죄에 대해 일정한 금액의 지불에 처할 수 있게 한 독일형법(StGB) 제43조a(재산형의 부과)는 독일기본법 제103조 제2항(법률명확성원칙)[89)]에 위배된다는 판결을 내린 바 있다.[90)] 이 위헌판결은 비록 일사부재리원칙(제103조 제3항)을 이중위험금지원칙으로 확장하는 해석에 의거한 것이 아니고, 법률명확성원칙에 의거한 것이다. 즉 명확성원칙은 법정형을 정하는 입법에도 유효하고, 그 입법은 수범자가 형법위반행위에 부과될 형벌을 예측할 수 있게 해야 하며, 또한 법치국가적 책임원칙을 충분히 고려하여 법관이 구체적인 사안에 적당하고 비례적인 형벌을 부과할 수 있게 해야 하는데, 제43조a의 "행위자의 재산규모에 의해 그 최고한도가 제한되는 일정한 금액의 지불에 처할 수 있게" 하는 재산형(Vermögensstrafe)은 법률명확성원칙에 위배된다고 본 것이다. 하지만 명확성원칙의 확장

89) 독일 기본법(Grundgesetz) 제103조 ① 누구든지 법정에서 법률상의 청문을 요구할 수 있다. ② 어떤 행위는 그것이 행해지기 이전에 그 가벌성이 법률로 규정된 경우에만 처벌될 수 있다. ③ 누구도 동일한 행위를 이유로 일반형법에 근거하여 거듭 처벌되지 아니한다.

90) BVerfG, 2 BvR 794/95 vom 20.3.2002, Absatz-Nr. (1 - 145), http://www.bverfg.de/entscheidungen/ rs20020320_ 2bvr079495.html. 참조.

해석을 통해 이중위험금지원칙과 비슷한 효과를 발생케 하였다는 점을 간과할 수 없다.

(나) 이중위험금지원칙의 적용 그러나 헌법 제13조 제1항 후단이 이중위험금지원칙을 규정했다고 해석(목적론적 확장해석)한다면 이 조항은 단지 거듭된 형사처벌만이 아니라 형사처벌을 대체하는 중간법적 제재에 대해서도 그리고 확정판결이 나지 않은 경우에도 적용되어야 한다. 이런 해석은 무엇보다도 절차법 제11조가 "범칙자가 통고대로 이행한 때에는 동일한 사건에 대하여 소추를 받지 아니한다."라는 이중소추금지원칙을 구현하고 있는 데서 그 근거를 찾을 수 있다. 이중위험은 이중수사, 이중소추, 이중심판을 금지하는데, 제11조가 이중소추를 금지한 것은 적어도 조세범죄에서만큼은 헌법 제13조 제1항 단서를 이중위험금지원칙으로 실현하고 있다고 볼 수 있다.

이중위험금지원칙을 적용할 때 징벌적 손해배상이 형벌(자유형)과 함께 부과될 수 없는 이유는 여러 가지가 있다. ① 첫째, 징벌적 손해배상은 일반불법행위의 요건보다 가중된 요건, 즉 형사책임의 귀속요건에 준하는 요건이 충족되었을 때에만 부과되어야 한다는 점을 들 수 있다.[91] 다시 말해 형벌의 법적 요건과 동등하게 엄격한 요건 하에 부과되는 제재는 형벌을 대체하는 제재이다. ② 둘째, 징벌적 손해배상은 일반 민사제재와는 달리 형벌의 목적과 같이 동일한 행위의 '예방'을 위해 손해의 몇 배를 전보하는 징벌을 부과하는 것이기 때문에 이론적으

91) 이런 입장으로 이상돈, 『부실감사법. 이론과 판례』 (법문사, 2007), 226~227쪽.

로는 형법의 보충성을 실현하는 제재수단이어야 한다. 다시 말해 형벌과 같은 예방을 위한 징벌의 기능을 하는 금전적 제재는 형벌을 대체하는 제재이다. 다시 말해 중간법은 기존의 범죄를 비범죄화하는 전제에서 논의된다. 왜냐하면 그렇지 않다면 민사불법이나 행정법적 불법(조세법위반)을 과잉으로 제재하면서 동시에 형사제재를 가함으로써 이중처벌의 성격을 띠게 되고,[92] 아울러 비례성원칙에 위반하게 되기 때문이다.[93] 그러므로 조세포탈죄의 벌금형으로 포탈액보다 2~5배나 되는 벌금을 부과하려 한다면 그것은 조세포탈죄의 비범죄화를 전제해야 한다. 징벌적 제재라는 개념으로 이중처벌의 위헌적 성격이 은폐되어서는 안 된다.[94] 이와 같은 병과의 문제점은 특가법 제8조 제2항의 '필요적'(의무적) 병과와 달리 조세범처벌법 제5조처럼 '임의적인'(재량적) 사항으로 규정한다고 하여 사라지는 것은 아니다.

---

92) 과징금과 벌금 등 금전적인 제재의 경우에는 중복되지 않고 하나로 통일되어야 한다는 입장으로 김광준·원범연, 『한국의 신종 기업범죄의 유형과 대책』(한국형사정책연구원, 2002), 202-203쪽 참조.

93) 병과제도가 국고주의 사상에 근거한 과중처벌이며 책임원칙에 반하고 실효성도 별로 크지 않다는 논거로 폐지를 주장하는 이천현, "조세범처벌법상의 형벌규정의 문제점," 『월간조세』(2000/1), 45쪽.

94) 비슷한 견해로 김용재, "미국 판례법상 민사금전벌과 이중처벌금지의 원칙에 관한 연구," 『고려법학』(제51호, 2008), 520쪽; "국회는 …(중략)… 구체적인 사실관계에 비추어 볼 때 과징금의 액수가 비례의 원칙에 어긋날 정도로 과다한 경우 등에는 과징금의 부과가 민사제재가 아닌 형사제재로 간주될 수 있음을 밝혀야 할 것이다. 한편 과징금과 형사제재를 병과할 경우에는 양 민사·형사절차에서 제재대상자의 기본적인 절차상의 권리가 침해되지 않도록 항상 유념하여야 할 것이다."

[법적 제재의 유형과 특성 분석] 오늘날 대표적인 법적 제재, 형벌, 손해배상, 과태료 이외에 중간법적인 성격의 과징금, 징벌적 손해배상, 원상회복 등이 있다. 이 제재들의 본질이 어떻게 다른 것인지를 분석한다.[95] 먼저 **① 과태료**(제69조의2) 행정목적을 직접 그르치게 하지 않지만 행정활동에 의미 있는 장애를 일으킬 위험성이 있는 행정법적 의무위반에 대해 가해지는 금전벌[96]이다. 여기서 행정장애의 위험이란 적어도 이론적으로는 행정활동이 보호하려는 법익의 침해나 위태화를 초래하지 않는 것[97]을 말한다. 물론 실제로는 행정법적 의무위반도 법익의 위태화와 무관하지 않은 경우가 많고,[98] 또 그 한에서는 과태료와 형벌, 특히 벌금과의 경계는 그리 분명하지 않을 수 있다. 하지만 과태료는 그 부과대상인 의무위반행위의 내용이 행정권력에 의해 정책적으로 쉽게 변하고, 또한 상황에 따라 탄력적으로 집행여부가 결정되는 재량성이 매우 높다는 특징이 있다. 이 점은 문화적으로 전승된 규범으로서 시민사회 내에서 사회적 통합의 기반으로 작용하는 규범을 위반한 행위에 대해 부과되는 형벌과 뚜렷이 구분되는 점이다. 따라서 과태료는 '윤리적 성격'을 가지지 못한다.[99] 과태료에 대한

---

95) 이 삽입글에서 이하의 분석은 (본문과 각주 모두) 이상돈, 『윤리경영과 형법』 (신영사, 2005), 94~99쪽에서 발췌하고 일부 수정한 것임.

96) 대판 1969.7.29, 69마400; 이건종 · 박기석, 『행정형법상의 제재수단에 관한 연구』 (한국형사정책연구원, 1995), 106쪽 참조.

97) 이런 점을 고려해 형사범과 경찰범을 구별한 Binding, *Norman und ihre Übertretung*, Bd.2, 1890, 398, 406쪽 참조.

98) 이 점을 지적한 M. E. Mayer, *Rechtsnormen und Kulturnormen*, 1903, 118~126쪽 참조.

99) 그렇기 때문에 '벌금이 과태료보다 고액이어야 한다'는 주장(이건종 · 박기석, 앞의 책, 108~109쪽)은 '법익보호의 관점'에서만 타당하다. 그러나 벌금이 비록 금전적으로는 과태료보다 적은 액수일지라도 '도덕적 비난'을 받게 되는 것이어서 –실정법적으로는 전과자의 리스트에 오르게 되는 등– 제재의 강도가 과태료보다 낮다고 볼 수가 없다. 그러므로 모든 법규에서 또는 공정거래법과 같은 특정

불복이 행정소송이 아니라 경제성과 행정전문성을 존중하기 쉬운 비송사건절차법(동법 제247조)에 의하는 것도 같은 이유에서라고 할 수 있다(도표의 ⓐ). ② **과징금** 이에 비해 주로 경제적 이익을 얻게 하는 행정법적 의무위반에 대한 제재인 과징금은 행정법적 의무위반이라는 점에서는 과태료와 같지만, 법익침해의 위험발생과 실질적으로 관련이 있고, 아울러 사회 윤리적 비난이 뒤따르는 행위에 대한 제재라는 점에서 형벌[100]에 근접한다.[101] 그러므로 과징금에 대한 불복은 비송사건절차가 아니라 소송절차로 다루어지게 된다. 또한 과징금은 위반으로 인한 경제적 이익을 부당이득으로 보고 이를 환수하는 측면,[102] 바꿔 말해 (소비자 개인이나 일반, 즉 사회 전체에 대한) 피해배상적 성격을 갖고 있고, 그 점에서 민법의 영역에도 얼마간 접근한다.[103] 그렇지만 과징금은 피

법률 안에서만이라도 과태료가 벌금보다 반드시 적어야 한다는 필연성은 근거지어지지 않는다.

100) 여기서 형벌은 사회윤리적 비난을 반드시 전제하는 것이 아님에 주의할 필요가 있다. 실제로는 많은 부분 범죄가 사회윤리적 비난을 수반하지만 사회윤리와 형법규범이 —현대사회의 다원화가 진행될수록— 광범위하게 서로 포개지지 않기 때문이다. 이 점은 도덕과 윤리, 사회규범의 분화와 형법의 윤리적 중립성 요청에서도 잘 드러난다. 이상돈, 『법학입문』 (법문사, 2007), [11]단락 참조.

101) 공정거래법이 과징금을 산정함에 있어 매출액의 일정률뿐만 아니라 '위반행위의 내용 및 정도, 위반행위의 기간 및 횟수'라는 질적인 측면을 고려하고 있는 점(제55조의3, 1항)도 이를 반영한다.

102) 그러므로 종래의 학설대립, 즉 과징금은 부당이득환수라는 견해(대판 1999.5.28, 99두1571)와 행정제재벌이라는 견해[서울고등법원 1996. 2.13, 94구36751판결 ; 박해식, "독점규제및공정거래에관한법률상의 과징금에 관한 연구" (고려대학교 석사학위논문, 2000) 참조]는 과징금을 판덱텐 법체계의 어느 한 분과로 전속시키는 것이고, 이는 아래서 설명하는 중간법 영역의 관점에서 보면 더 이상 유지되기 어려운 법제계의 패러다임이라고 할 수 있다.

103) 물론 1996년 개정으로 환급제도, 즉 과징금을 납부한 시장지배적 사업자가 손해배상을 한 때에 그 배상액 상당의 금액을 환급하도록

해자에게 귀속되는 것이 아니라 위반된 행정법규가 지향하는 행정목적을 달성하는 재원으로 확보·사용된다는 점에서 여전히 행정법적 성격을 갖고 있다. 따라서 과징금에 대한 불복은 소송절차 가운데서도 민사소송이 아니라 행정소송으로 다루어지게 된다(아래 도표의 ⓑ).

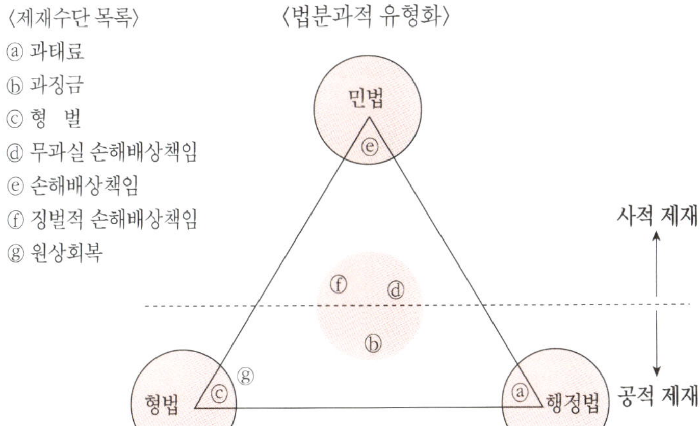

제재수단의 목록과 법분과적 분류

③ **형벌** 형벌은 기본권목록을 구성하는 법익을 침해하거나 위태화하는 행위로서 사회적 통합의 기반이 되는 규범을 위반한 행위에 대해, 그리고 원칙적으로 피해자의 의사나 합의 등과는 무관하게[104] 부과되는 공적 제재이다. 제재의 강도와 도덕적 비난이 가장 강한 제재라는 점에서 비례성원칙에 가장 엄격하게 구속되며, 따라서 거래의 공정성이나 효율성 이념과 절연한 채, 행위자 개인의 능력과 의사를 기초로 위반행위를 하지 않을 가능성이 있었는가, 즉 일반인이 이른바 말하는 '죄'의식을 가질 수 있는 책임

한 제도가 폐지됨으로써 과징금의 민사법적 성격은 다소 약화되었다고 할 수 있다.

104) 이를 피해자의 중립화(Neutralisierung)라고 부른다. Hassemer, *Einführung in die Grundlagen des Strafrechts* (C. H. Beck, 1990), 70쪽 아래 참조.

(Schuld)이 있는 경우에만 부과되고, 기본권보장도 가장 철저하고, 절차의 합리성도 가장 극대화된 소송절차인 형사소송법이 적용된다(위 도표의 ⓒ). **④ 원상회복** 원상회복(Wiedergutmachung)은 비교적 경미한 범죄의 영역에서 피해자에게 윤리적 비난의 함의를 지닌 배상을 하게 하는 형벌을 의미한다. 피해자에 대한 배상이나 과실상계에 대한 고려 등은 그런 형벌이 민법에 얼마간 다가간 것임을 보여주지만 민사책임보다는 여전히 한 단계 고양된 도덕적 비난의 상징을 남겨둔다는 점에서 여전히 형법의 영역에 더 가까이 위치하는 제재라고 할 수 있다(도표의 ⓖ). **⑤ 손해배상** 다음으로 민법상 손해배상(제750조)은 손해를 형평성 있게 전보하는 제재이다. 사회 윤리적 비난이 얼마간 수반되기는 하지만 형벌보다는 훨씬 낮고, 과징금의 경우보다도 오히려 낮다고 할 수 있다. 하지만 과실책임원칙에 따라 부과되는 제재라는 점에서는, 공정거래법이 규정하는 무과실 손해배상책임(제56조 2항)과 비교할 때, 위반행위를 예방하는 목적에 지배되기보다는 자유의 형평분배라는 도덕률에 지배되는 제재라고 할 수 있다(도표의 ⓔ). **⑥ 무과실 손해배상** 무과실 손해배상책임은 한편으로는 공정거래법 위반의 피해자가 대등한 행위주체의 개인상을 전제하는 민법에 의해 보호되지 못하는 사회적 약자임을 고려한 민사책임, 즉 실질사법의 영역에 속한다. 그러나 이 책임은 공정거래위원회의 시정조치에 의해 위반사실이 확정된 경우(제57조 1항)에만 주장할 수 있다는 점에서 공정거래위원회의 공정거래체계 관리기능에 종속된 책임, 즉 행정법적 제재의 성격도 얼마간 유지한다. 그러나 과징금이나 징벌적 손해배상처럼 형법의 영역으로 다가가는 것은 아니다(도표의 ⓓ). **⑦ 징벌적 손해배상** 마지막으로 징벌적 손해배상(punitive damages)[105]은 불법행위로 인한 손해배상 가운데 법위반자의 행위가 폭력이나 위압, 기망, 의도적 무시 등을 지닌 경우로서 그 점을 이유로 원고가 입은 실제 손해를 초월하는 ―이를테면 3배의(treble damages)[106]― 손해배상금을 지급하는 것을 말한다. 이런 제

105) 이에 관한 종합적인 연구로 이점인, "징벌적 손해배상에 관한 연구―미국 제도를 중심으로" (동아대학교 박사학위논문, 1998) 참조.

재는 그 요건이 형사불법에 근접한 실질을 내용으로 하고 있다는 점에서 형법에 근접해 있다. 또한 징벌적 손해배상은 발생한 손해만큼만 전보하는 정의의 원리에서 벗어나 있다는 점에서[107] 민법의 영역에서 떨어져 있게 되고, 피해자들의 소제기를 유인하고 법위반행위를 억제하는 효과를 발휘할 수 있다는 점, 그리고 개인의 손해가 적시만 위반자의 이익총액이 클 경우에 집행결핍에 빠지기 쉬운 행정법적 제재의 기능을 대신하거나 보완한다는 점에서 행정법의 영역에로 한 걸음 다가선 제재가 된다(도표 5의 ⓕ).

셋째, 이중위험금지는 입법자의 입법기술적 재량(예: 과징금과 형벌, 징벌적 손해배상과 형벌을 병과하거나 또는 선택하는 입법적 결단의 재량)에 의해 침윤되어서는 안 된다. 다시 말해 특가법 제8조 제2항에서 벌금형을 형벌과 '선택'적인 형벌로 규정하거나 또는 조세범처벌법에서 특가법상 조세포탈죄에 해당하는 경우에도 징벌적 손해배상으로 절차를 종결 짓는 입법을 하였다고 가정할 때 개인이 보호될 있는 수준은 현행 특가법 제8조 제2항에서도 유지되어야 한다. 그렇기에 제8조 제2항은 이중위험금지원칙에 위배된다는 점에서 위헌결정을 받아야 한다. 물론 위헌결정이 나기 전이라도 작량감경(형법 제53조)을 항시 적

106) 1914년 미국의 클레이튼(Clayton)법 제4조['반트러스트 법에 위반한 행위에 의하여 자신의 영업 또는 재산에 손해를 입은 자는 그 손해액의 3배(treble damages)를 청구할 수 있다']는 그 대표적인 예이다. 다만 3배 배상과 달리 징벌적 손해배상은 판례법에 의해 발전된 제도라는 차이가 있다. 미국에서는 두 제도의 중복적용을 허용하는 판례(Atlantic Purchasers, Inc. v. Aircraft Sales, Inc., 705F, 2d 712, 716n [4th Cir. 1983])와 배타적인 관계로 이해하는 판례(Arnott v. American Oil Co., 609F. 2d 873, 888 [8th Cir. 1979])가 병존해 있다.

107) 이런 점을 이유로 3배 배상의 도입에 비판적인 함영주, "집단소송에 관한 연구" (고려대학교 박사학위논문, 1997), 56쪽.

용하여 포탈액의 1배를 넘지 않는 선에서 벌금형을 선고하는 방식으로 운영할 필요가 있다.

(4) 재산권의 제한에 관한 입법재량권

이처럼 자유형의 책임범위를 초과하는 벌금, 몰수를 대체하는 추징액을 넘어서는 벌금, 징벌적 성격의 벌금을 자유형과 별도로 부과하는 것이 보복적이며, 보안처분적이며, 형벌만능적인 재산권의 박탈로서 재산권의 본질적 내용을 침해한다고 볼 수 있다. 이런 결론은 역시 형벌이론적인 결론이다. 헌법상 입법자의 재량권은 그런 형벌이론적인 한계를 얼마간 뛰어넘을 자유까지 포함한다고 볼 여지가 있다. 즉 이는 그와 같은 벌금의 병과에 의한 재산권의 제한과 다른 공익(국가조세권의 확립을 통한 국가재정의 충실화)을 가치형량 함으로써 가능해진다. 그러나 그와 같은 가치형량은 국가권력을 개인의 기본권보다 우선시키는 관헌국가적 잔재를 보여준다. 그렇기 때문에 아무리 입법자의 재량권을 넓힌다고 해도 특가법상 벌금병과조항은 위헌으로 보는 것이 타당하다.

4. 불법의 구조적 편중과 형벌불평등

특가법 제8조의 가중처벌이 과잉금지원칙에 위배되지 않는다고 하더라도 평등원칙에 위배될 가능성이 매우 높다. 특가법 제8조의 적용여부는 오로지 조세포탈액의 규모(현재의 하한선은 5억)라는 결과불법(Erfolgsunwert)에만 의존해 있다. 이때의 결과불법은 포탈률(포탈액÷납세의무세액)과 같이 얼마간 행위불법적 성격을 띠는 결과불법의 요소도 배제한[108] 순수한 결과불법이다.

(1) 형사불법의 도덕적 구조에서 형벌평등

그러나 생활세계 안에서 시민들의 성낭한 행위규범으로서 기능해야 하는 형법의 불법은 결과불법 이외에 행위불법(Handlungsunwert)이 있을 때 온전한 것이 된다. 행위불법의 결핍은 형법의 도덕적 결함을 의미한다. 형법에서 평등원칙은 '같은 종류와 정도의 불법은 같게, 다른 종류와 정도의 불법은 다르게 취급하는 것'을 의미한다. 그러므로 조세포탈행위를 하였어도 형법적 불법의 이와 같은 도덕적 구조에서 보면 예컨대 같은 포탈액에 대하여 같은 형벌법규를 적용하기만 하면 평등원칙을 준수하는 셈이 되는 것은 아니다. 이를테면 포탈액이 크더라도 장부조작과 같은 적극적인 기망행위를 사용하지 않은 사안과 포탈액은 작지만 그런 기망행위를 사용한 사안(행위태양의 차이), 그리고 같은 종류의 기망행위를 사용한 사안에서도 포탈액은 크지만 포탈률은 작은 경우와 포탈액은 작지만 포탈률이 큰 경우를 비교형량하여 그 적용여부를 결정할 가능성을 처

108) 이 점을 비판하고 입법론적 재고를 주장하는 안대희 대법관의 견해에 관해서 안대희, 『조세형사법』(법문사, 2005), 368~369쪽 참조. 안 대법관은 특가법 제8조가 포탈률을 고려하지 않는 점 이외에도 매출이 많은 법인의 조세포탈은 대부분 특가법이 적용되는 반면, 조세를 신고조차 하지 않은 죄질이 중한 위법소득의 향유자는 포탈액이 많은 경우 특가법에 해당하지 않는 등의 불균형도 고발선치주의를 존속시킬 필요성과 특가법에 의한 처벌에 대한 입법론적 재고를 요한다고 본다.

음부터 배제하고 있다면 이런 점에서 특가법상의 조세포탈죄는 헌법상 평등원칙(헌법 제11조)에 위배된다고 말할 수 있다. 입법자의 재량권이 이런 형사불법에 고유한 도덕적 구조를 고려하지 않을 자유까지 포함하는 것일 때에만 특가법 제8조는 평등원칙에 위배되지 않는 것이다.

(2) 실질적 강제적 양형규정으로서 특가법

이런 형벌불평등의 위헌성은 특가법 제8조를 형사불법을 설정하는 법규(unrechtsbegründende Vorschrift)가 아니라 단지 조세범처벌법상의 조세포탈죄를 적용함에 있어 고려해야 하는 실질적인 그리고 강제적인 양형규정(strafzumessende Vorschrift)으로 바라보는 법기술적 장치의 사용에 의해 일단 제거될 수 있다. 물론 이렇게 바라보기 위해서는 조세범처벌법 제9조의 조세포탈죄는 '범칙행위'이지만 특가법 제8조의 조세포탈죄는 '범죄행위'라는 차이에서 특가법 제8조를 단지 양형규정으로만 보기 어렵다는 점을 일단 제쳐놓아야 한다.

(가) 법관의 양형재량권 첫째, 법정형을 선택하는 양형요소가 형법 제51조의 다양한 요소 가운데 오로지 포탈세액, 그러니까 제51조 3호(범행의 동기, 수단과 결과) 가운데 "결과"요소로 강제적으로 환원되어버린다는 점에서 법관의 양형재량권을 침해한다. 하지만 위 헌재결정이 주장하듯 법관은 작량감경규정(제53조)을 적용하여 다양한 "범죄의 정상"을 고려할 수 있다는 점에서 이 양형재량권의 침해는 형벌의 적정성(헌법 제12조 제1항 및 제27조[법관에 의하여 재판받을 권리] 등)을 깨뜨리는 데에까지는 나아가지 않는다.

(나) 절차법적 결함 둘째, 하지만 여전히 절차법적 결함이 남는다. 형법 제51조의 양형요소는 검사가 공소여부를 결정할 때에도 고려할 수 있어야(형사소송법 제247조 제1항) 한다. 그런데 조세포탈죄에서 공소여부를 결정하는 양형요소의 가장 중요한 고려는 통상적으로 조세당국의 전속고발의 과정에 의해 '제도적으로' 이루어진다. 그러나 특가법 제16조는 조세범죄의 특성에 적합한 제도적인 양형요소의 고려 가능성을 박탈하고 있다. 그리고 조세포탈행위가 일어난 후에라도 자진납부(통고처분을 받는 경우에는 벌금에 상당하는 금액을 납부[109])를 하는 등 결과불법이 제거되면 고발하지 않는 것[110]이 조세당국의 전속고발여부를 좌우하는 양형의 비공식적 규칙으로 자리 잡고 있기도 하다.

물론 검사가 특가법 제8조를 적용할 때에 그런 고려를 하여 형사소송법 제247조 제1항에 의하여 공소를 제기하지 않을 수는 있다. 또한 포탈세액의 크기라는 매우 편향적 불법요소만으로는 전속고발제의 적용여부를, 궁극적으로는 중한 처벌의 유무를 좌우시킬 수 있는 합리적 차별을 하는 근거로서 충분하지 않다는 문제점, 그리고 검사의 기소유예결정이 소송조건(전

109) 조세범처벌절차법 제9조 참조. 다만 "범칙자가 통고대로 이행할 자력이 없다고 인정되는 때"이거나 "정상징역형에 처할 것으로 사료되는 때"에는 통고를 요하지 아니하고 즉시 고발하여야 한다.

110) 조세범처벌절차법 제11조에 의하면 통고처분을 받은 "범칙자가 통고대로 이행한 때에는 동일한 사건에 대하여 소추를 받지 아니한다. 제9조 제1항 단서에 의한 통고에 대하여 범칙자가 통고대로 이행한 경우에 있어서 몰취에 해당하는 물품을 소지하는 때에는 공매 기타 필요한 처분을 할 때까지 이를 보관할 의무가 있다."

속고발의 유무)을 작동시킬지 여부에 대한 결정까지 포함하게 된다는 문제점이 남는다. 이는 소송조건의 제도적 본질에는 매우 낯선 일이다. 원래 검사는 범죄가 성립하고 혐의가 충분하며 그리고 소송조건도 갖추어진 사안이 존재한 이후에 양형요소를 고려하여 기소여부를 결정할 권한만을 갖기 때문이다. 그렇기 때문에 강제적 양형규정으로서 특가법 제8조(및 제16조)는 적법절차(헌법 제12조 제1항)의 이념을 위태롭게 만든다.

제2부

조세형사절차법

[3] 실 무: 현행 조세범처벌의 유형과 절차

[4] 이 론: 조세범 형사처벌의 적법절차성

[3] 실 무: 현행 조세범처벌의 유형과 절차

Ⅰ. 탈세조사의 세 가지 유형

조세범죄에 대한 처벌은 통상적으로는 ① 세무조사 → ② 범칙조사 → ③ 수사라는 세 가지 절차를 통하여 이루어진다. 조사와 수사의 전형적 과정은 세무조사를 하다 조세범죄가 발견되어 범칙조사로 전환하고, 고발을 하면 수사가 개시되는 것이다. 그러나 세무조사와는 별개로 수사기관이 특정범죄 가중처벌 등에 관한 법률상의 조세포탈죄로 수사를 개시할 수도 있다. 또는 수사기관이 조세범죄의 혐의를 인지하면 바로 수사를 개시하지 않고, 조세당국의 사건을 이첩할 수 있다. 하지만 탈세사건과 조세포탈사건의 구별이 명확하지 않고, 조세당국과 수사기관의 권한분배 그리고 세무조사 및 범칙조사와 수사의 관계에 관해서도 명확한 법적 규율이 없다. 이런 법적 규율은 [4] 단락에서 논의하기로 한다. 여기서는 세 가지 조사절차의 핵심내용을 개관하기로 한다.

세무조사는 각종 세법상의 납세의무위반행위를 조사한다. 조세의 탈루와 조세포탈 모두가 조사의 대상이 된다. 절세나

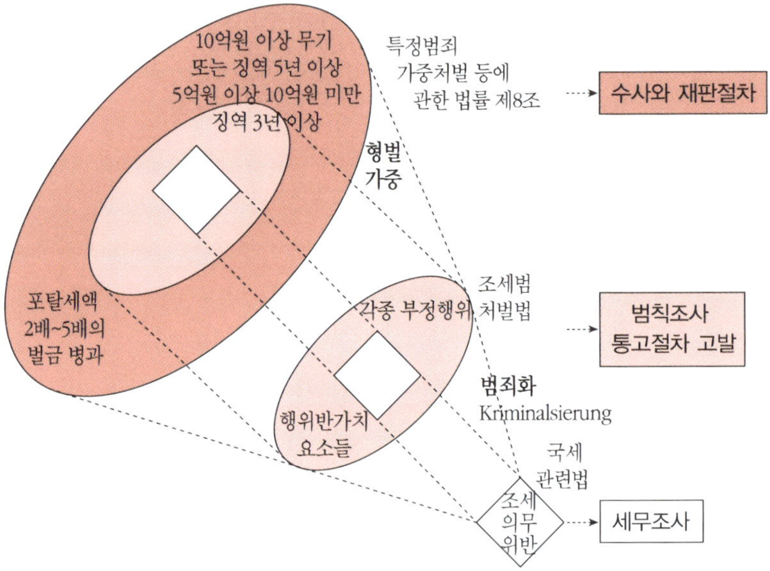

조세회피행위는 적법한 행위이기 때문에 그것만으로는 세무조사의 대상이 될 수 없고, 조세탈루나 조세포탈의 혐의를 인지하여 조사하는 가운데 절세나 조세회피행위가 조사될 수는 있다. 이에 비해 범칙조사는 이 가운데 넓은 의미의 조세포탈사건에 대하여 행해진다. 조세범처벌법을 위반하는 범칙행위가 조사의 대상이 되고, 그 조사의 절차는 조세범처벌절차법에 의하여 규율된다. 범칙조사는 통고처분 또는 고발로써 사건을 종결한다. 통고처분으로 부과된 범칙금을 납부하면 같은 사건으로 검찰에 의해 거듭 소추되지 아니한다(절차법 제11조).

II. 세무조사

세무조사는 납세의무가 성립[1]하고 확정(신고납세방식[2]에서 신고시, 부과납세방식에서 부과처분시)된 뒤 질문조사권이나 질문검사권에 의하여 세액이 진실한 내용에 따라 계산되어 있는지 그리고 세법이 정확하게 적용되어 있는 지를 밝히는 (행정법상) 행정조사이다. 세무조사는 대상의 선정, 조사의 강도와 방법과 조사 후의 처리 등에서 (형사절차의) 적법절차에 근접한 합법성 원칙('準적법절차성')의 지배를 받는다. 이는 세무조사가 단순한 행정조사가 아니라 사회적으로는 일종의 징벌적인 수단으로 여겨지는 데서 비롯되는 것이라 할 수 있다.

1. 세무조사의 합법성원칙

합법성원칙이란 세무조사가 법에 규정된 바에 따라 개시·진행·처리되어야 함을 의미한다.

1) 국세기본법 제21조(납세의무의 성립시기) 제1항은 소득세·법인세의 과세기간 종료시, 상속개시시, 증여재산취득시, 부당이득거래시, 부가가치세의 과세기간종료시, 주세·교통세 등은 과세물품의 반출시 또는 판매시, 인지세 대상인 과세문서작성시, 당해 증권매매거래가 확정되는 때 등 제2항은 원천징수하는 소득세와 법인세에서 그 소득 또는 수입금액을 지급한 때를 납세의무가 성립하는 시기로 본다.

2) 신고납세방식의 조세로는 소득세, 부가가치세, 특별소비세, 주세, 증권거래세, 교육세, 교통세 및 종합부동산세 등이 부과납세방식의 조세로는 상속세, 증여세, 자산재평가세 및 부당이득세가 있다.

(1) 세무조사의 합법성의 주요내용

예컨대 ① 세무조사 하는 때에는 납세자권리헌장을 교부해야 하고(국세기본법 제81조의2 제2항), ② 세무조사공무원은 검사원증 또는 조사원증을 휴대하고 반드시 제시함으로써 세무조사, 예컨대 질문검사권의 행사임을 알려야 한다.

또한 ③ 세무조사는 원칙적으로 10일 전에 조사기간[3]·조사대상(예: 과세기간)·세목 및 조사사유가 문서로 통지되어야 하고, 예외적으로 사전통지로 증거인멸 등으로 조사목적을 달성할 수 없다고 인정되는 경우에는 사전통지를 하지 않아도 된다(제81조의7 제1항). 사전통지를 받은 납세자는 천재·지변·기타 대통령령이 정하는 사유로 인하여 조사를 받기 곤란한 경우에는 관할세무관서의 장에게 조사연기를 신청할 수 있다(제81조의7 제2항).[4]·통지된 조사기간을 연장하거나 조사대상을 확대하려면 조사관할관서장의 승인을 받고 납세자에게 다시 문서로 통지하여야 한다.

④ 세무조사는 조사자의 출입을 거부하거나 질문에 답하지 않을 경우 조세범처벌법상 범칙행위가 성립함은 별론으로 하고 따로 강제할 수 없다(임의조사원칙). 즉 세무조사방법은 납세의무자(과세표준 확정신고를 하여 납세의무가 확정된 자)와 납세의무

3) 세무조사 통지서에 조사기간을 특정하도록 한 국세기본법 제81조의7(세무조사의 사전통지와 연기신청) 참조.

4) 국세기본법시행령 제63조의7(세무조사의 연기신청) 제1항은 1. 화재 기타 재해로 사업상 심한 어려움이 있을 때, 2. 납세자 또는 납세관리인의 실병·장기출장 등으로 세무조사가 곤란하다고 판단될 때, 3. 권한 있는 기관에 장부·증빙서류가 압수 또는 영치된 때, 4. 제1호 내지 제3호에 준하는 사유에 해당하는 때 연기사유로 규정한다.

가 있다고 인정되는 자 및 거래상대방에게 질문(예: 해명의 요구), 당해 장부·서류(예: 전산기록) 기타 물건(예: 재고자산, 창고)을 조사하거나 그 제출을 명하는 방법에 의한다. 이때 제출명령에 대상자가 임의로 제출하면 '일시보관'할 뿐이므로 반환거부를 할 수 있는 수사상의 압수와 구별된다. 세무조사 중에 범칙행위를 발견하여도 세무조사와 범칙조사는 요건과 절차(예: 범칙조사 담당 세무공무원의 지명)가 다르므로 적어도 세무조사를 범칙조사로 전환함과 동시에 또는 그 이후에 압수·수색을 할 수 있다고 보아야 한다.

⑤ 납세자는 세무조사결과를 서면으로 통지받고(제81조의9), 기타 납세자의 권리행사에 필요한 정보의 제공을 세무공무원에게 요구할 수 있다(제81조의11). ⑥ 세무조사가 종결되면 그 조사결과의 적출사항을 정리하여 결정·경정한다. 다만 통지를 받고 납세의무자가 과세전적부심사청구(제81조의12)를 하면 결정·경정을 유보하고, 그 청구에 대한 결정내용에 따라 결정·정정한다.

(2) 합법성의 범위

세무조사의 합법성에서 법은 국세기본법과 같은 법률만이 아니며, 그 시행령과 시행규칙, 또는 납세자권리헌장(국세기본법 제81조의2 제1항), 더 나아가 국세청의 조사사무처리규정 등도 포함된다. 국세청 내부의 세무조사기준이라 하더라도 그것은 세무조사의 합법성을 구체화하는 실질적인 법규범이 될 수 있고, 납세자의 권리는 그런 세무조사기준의 준수를 신뢰할 권리까지 포함한다.

(3) 위법한 세무조사의 효과

따라서 첫째, 납세자는 합법성이 없는 세무조사(예: 사전통지 위반, 권리헌장 미교부 등)에 대해 거부할 수 있으며, 그런 거부로 인해 검사기피죄로 처벌되지도 않는다. 둘째, 위법한 세무조사에 터 잡은 과세처분은 ―설령 그 과세처분이 납세자의 소득에 객관적으로 합치하더라도[5] ― 그 위법이 중대한 경우에는 무효 그리고 그 위법이 경미한 경우에는 취소가 될 수 있다고 보아야 한다. 그러나 아무리 경미할지라도 위법한 조사에 의해 수집된 증거는 납세자가 조세포탈죄로 형사재판을 받을 경우에 위법수집증거배제법칙(형사소송법 제308조의2)에 의해 증거능력이 인정되지 않음은 물론이다. 셋째, 위법한 세무조사를 한 공무원은 징계의 대상이 된다.

2. 세무조사의 적법절차성

적법절차성이란 세무조사를 규율하는 법이 형평성(공정성)과 비례성을 가지고 있어야 함을 의미하고, 이때 법은 법률(조세법률)뿐만 아니라 조세행정입법과 행정관행을 포함한다. 가령 세무조사를 한 결과 탈세사실을 확인하더라도 통고처분이나 형사고발을 함이 없이 탈루한 세금을 과세표준의 결정 또는 경정에 의해 추징만하고 절차를 종결하는 관행이나 세무조사, 범칙조사, 수사를 엄격하게 구분하여 설령 조세포탈죄의 혐의가 있다고 하더라도 세무당국이 범칙조사를 하지 않고 일단 세무조

5) 이런 경우에 과세처분은 유효하다고 보는 견해도 있다. 임승순, 『조세법』(박영사, 2000), 77쪽.

사를 실시하는 관행을 들 수 있다. 이런 관행은 비공식적 규칙(informelle Programme)으로서 법의 일부를 형성한다.

(1) 형평성

(가) 개 념 '형평성'은 세무조사의 부남이 납세의무자 사이에 공평하게 분배되는 것을 의미한다. 조세부담의 형평성은 납세의무자의 재산, 신분, 담세능력 등의 요소(사회경제적 차이)를 고려하여 소득재분배의 이념에 따라 담세액이 차등적으로 부과될 수 있음을 의미한다. 이를 수직적 형평성이라 부를 수 있다. 이에 비해 동일한 과세조건을 가진 납세의무자에게 동일한 세액이 부과되는 평등성은 수평적 형평성이라 부를 수 있다. 다시 말해 세무조사의 형평성은 일차적으로는 모든 납세의무자에게 공평하게 분배됨(수평적 형평성)을 그리고 부차적으로는 실질적 차이에 따라서 세무조사의 부담이 분배됨(수직적 형평성)을 의미한다.

(나) 형평성으로서 우연성 그런데 세무조사는 탈세가 거의 모든 시민들과 모든 거래영역에서 일어난다는 점을 고려하면 언제나 '선별적'(selective)일 수밖에 없다. 탈세의 일상성과 세무조사의 선별성과 같은 상황에서 세무조사를 받는 개별시민의 부담이 공평(수평적 형평성)하게 되는 유일한 방법은 누가 조사를 받을 것인지를 철저하게 '우연성'(Zufall)[6]에 맡기는 방법이다.

6) 이 우연성은 마치 법원에서 사건을 재판부에 배당할 때, 또는 감정인을 선정할 때에도 채택하는 공정성의 기준으로서 우연성[이에 관해서는 Hassemer, *Einführungen in die Grundlagen des Strafrechts* (C. H. Beck, 1990), 159쪽]과 같은 것이다.

가령 의도적으로 특정 집단이나 특정인을 선별하여 세무조사를 하면 형평성을 잃어버린다. 그래서 국세기본법은 정기선정의 원칙으로 '무작위추출방식'을 규정한다(제81조의6 제1항 3호). 물론 무작위추출방식으로 운 좋게 장기간(4과세기간 이상) 동일 세무조사를 받지 않는 것도 형평성에 어긋나므로, 장기미조사자에 대하여는 세무조사의 필요성이 인정된다(동항 2호).

> **[제81조의6 (세무조사 대상자 선정)]** ① 세무공무원은 다음 각 호의 어느 하나에 해당하는 경우에 정기적으로 신고의 적정성을 검증하기 위하여 대상을 선정(이하 "정기선정"이라 한다)하여 세무조사를 할 수 있다. 이 경우 세무공무원은 객관적 기준에 따라 공정하게 그 대상을 선정하여야 한다.
> 1. 국세청장이 납세자의 신고내용에 대한 정기적인 성실도 분석결과 불성실혐의가 있다고 인정하는 경우
> 2. 최근 4과세기간(또는 4사업연도) 이상 동일세목의 세무조사를 받지 아니한 납세자에 대하여 업종, 규모 등을 고려하여 대통령령이 정하는 바에 따라 신고내용이 적정한지를 검증할 필요가 있는 경우
> 3. 무작위추출방식에 의하여 표본조사를 하려는 경우
>
> ④ 세무공무원은 다음 각 호의 요건을 모두 충족하는 자에 대하여는 제1항의 규정에 따른 세무조사를 실시하지 아니할 수 있다. 다만, 객관적인 증빙자료에 의하여 과소 신고한 것이 명백한 경우에는 그러하지 아니하다.
> 1. 업종별 수입금액이 대통령령이 정하는 금액 이하인 사업자
> 2. 장부기장 등이 대통령령이 정하는 요건을 충족하는 사업자

이에 비해 세무조사부담을 영세사업자와 중소기업에게 면제해주면(국세기본법 제81조의6 제4항) 실질적인 소득의 재분배효과를 가져온다(수직적 형평성).

(2) 비례성

'비례성'은 특히 세무조사가 기업에게 주는 경영상의 어려움(때로는 위기)이나 개인에게 주는 기본권 침해라는 부담과 국가재원의 확보 및 국가의 조세권 사이의 균형성을 의미한다. 세무조사의 비례성은 조사대상자 선정과 방법, 절차 전반에 길쳐 인정되는 원칙이다.

(가) 필요최소원칙 국세기본법은 "세무공무원은 적정하고 공평한 과세의 실현을 위하여 필요한 최소한의 범위 안에서 세무조사를 행하여야 하며, 다른 목적 등을 위하여 조사권을 남용하여서는 아니 된다"(제81조의4 제1항)고 규정한다. 가령 세무조사기간은 조사목적 수행에 필요한 최소한의 기간으로 정해야 한다. 따라서 세무관서의 내부지침에 규정된 조사기간[7]을 초과하는 경우에는 '납세자의 사업규모 및 조사 난이도' 등의 이유를 납세자에게 소명하여야 하고, 특히 조사착수 후 조사범위의 확대, 조사유형의 전환, 납세의무자의 조사기피행위 등이 있어 조사기간의 연장이 필요한 경우에 그 사유와 연장기간을 납세자에게 서면으로 통지(제81조의7 제1항)하여야 한다.

(나) 세무조사의 우선성과 범칙조사의 보충성 또한 국세기본법은 (정기선정 이외에 행하는) 우선적인 세무조사의 대상자 선정기준으로 범칙행위의 혐의가 인정되는 경우를 규정한다.

> [우선적 세무조사대상자 제81조의6] ② 세무공무원은 제1항의 규정에 따른 정기선정에 의한 조사 외에 다음 각 호의 어느 하나에

---

7) 실무에서 세무조사는 통상적으로 개인조사는 7일, 법인소사는 15일, 지방국세청은 개인조사 15일 내지 20일, 법인조사는 20일 내지 70일의 범위에서 이루어진다.

해당하는 경우에는 세무조사를 실시할 수 있다.
1. 납세자가 세법이 정하는 신고, 세금계산서 또는 계산서의 작성·교부·제출, 지급명세서의 작성·제출 등의 납세협력의무를 이행하지 아니한 경우
2. 무자료거래, 위장·가공거래 등 거래내용이 사실과 다른 혐의가 있는 경우
3. 납세자에 대한 구체적인 탈세제보가 있는 경우
4. 신고내용에 탈루나 오류의 혐의를 인정할 만한 명백한 자료가 있는 경우

이는 세무조사사유와 범칙조사사유를 비체계적으로 혼합시키는 결함을 보여주는 것이 아니라, 범칙행위의 혐의가 인정되는 납세자 또는 납세의무자에 대해서 범칙조사가 아니라 ─ 혐의의 불확실성과 범칙조사의 부담을 고려하여 일단 ─ 우선적으로 세무조사를 실시하게 하고, 범칙조사나 수사는 세무조사에 의한 통제(제재실효성과 예방효과)가 충분하지 않은 경우에만 보충적으로만 행하여지게 하는 것을 의미한다. 즉 제81조의6은 비례성원칙의 하나인 보충성원칙을 구현하는 것이다. 다시 말해 세무조사는 탈세혐의가 있는 경우에 우선적 수단(prima ratio)이며, 범칙조사는 보충적 수단, 그리고 수사는 최후수단(ultima ratio)이 된다.

(다) 합법성원칙의 예외로서 전환사유제도 세무조사 중 범칙혐의가 발견되면 세무조사는 범칙조사로 전환되지만, 실무는 범칙혐의가 발견된 모든 사건을 범칙조사로 전환시키지 않고, 전환사유가 있는 경우, 예컨대 세무조사에 필요한 장부·서류의 제출 등을 협조하지 않거나 조사를 기피, 방해(예: 허위진술)하는 경우, 이중장부 등의 적극적 은닉혐의로 인해 압수·수색이 불

가피한 경우, 조세포탈의 수법과 규모가 중대하여 형사처벌의 필요성이 큰 경우에, 그런 전환사유를 구체적으로 기재한 전환사유서를 첨부하여 상급관서장의 승인을 받아 세무조사를 범칙조사로 전환한다. 이런 전환사유제도는 형사소송법상 기소법정주의(Legalitätsprinzip)와 대응하는 기소편의주의(Oppertünitätsprinzip)에 상응하는 것이라 할 수 있다. 조세형법의 도덕적 이중구조[8]를 고려할 때 이런 전환사유제도는 기소유예보다 더 광범위하게 운영될 필요가 있다. 탈세에 대한 국가의 통제가 신중하고 절제된 것이 되기 위함이다.

(라) 임의조사원칙 세무조사는 압수수색 등과 같은 강제처분을 사용하지 않고 질문검사와 같은 임의조사에 의하여 행하도록 하고 있다. 이는 비례성원칙의 표현이다. 그 밖에도 같은 세목, 같은 과세기간에 대한 원칙적인[9] 재조사의 금지(동조 제2항)도 비례성을 실현하는 세무조사의 원칙이다.

(마) 정보보호 세무공무원은 직무상 취득한 과세정보를 타인에게 제보·누설하거나 목적 외의 용도로 사용해서는 안 된다(국세기본법 제81조의10 제1항 본문). 과세정보는 납세의무자의 소득원천과 신용상태 등, 민감성이 높은 개인정보이므로 그

8) 이에 관해서는 앞의 [2].II와 뒤의 [5].I 참조.

9) 예외적인 재조사의 허용사유로 국세기본법 제81조의4(세무조사권 남용금지) 제2항은 "1. 조세탈루의 혐의를 인정할 만한 명백한 자료가 있는 경우, 2. 거래상대방에 대한 조사가 필요한 경우, 3. 2 이상의 사업연도와 관련하여 잘못이 있는 경우, 4. 제65조 제1항 제3호(제66조 제6항 및 제81조에서 준용하는 경우를 포함한다)에 따른 필요한 처분의 결정에 따라 조사를 하는 경우, 5. 그 밖에 제1호부터 제4호까지와 유사한 경우로서 대통령령으로 정하는 경우"를 규정하고 있다.

비밀이 보호되어야 한다.[10] 따라서 세무관서의 장은 세무조사의 결과를 설령 그것이 공공성이 있는 사항일지라도 언론에 공표하여서는 안 된다. 세무조사는 과세처분의 결정 또는 경정을 위한 것일 뿐이기 때문이다. 이 점은 범칙조사의 경우와 구별된다. 납세(의무)자의 과세정보는 행정정보공개청권의 대상이 되지도 않는다. 다만 지방자치단체의 조세의 부과·징수를 위하거나 국가기관이 조세쟁송 또는 소추목적을 위하여 과세정보를 요구하는 경우, 법원의 제출명령 또는 영장에 의하여 과세정보를 요구하는 경우, 세무공무원 상호간 직무상 필요한 과세정보의 교환, 다른 법률의 규정에 따라 과세정보를 요구하는 경우(제81조의10 제1항 단서 1~5호)에는 예외가 인정된다.

ㄱ) 소추기관의 요구 여기서 "소추목적을 위하여 과세정보를 요구하는 경우"(제81조의10 제1항 2호)란 조세포탈을 수사하는 검찰이 요구하는 경우를 의미하고, 경찰이 요구하는 경우는 포함하지 않는다. 즉 "소추목적을 위하여"는 "소추기관이"로 해석되어야 한다. ① 경찰은 수사(보조)기관일 뿐이고 소추기관이 아니며, 경찰의 수사는 검찰의 수사처럼 소추여부를 결정하는 것이 아니라 입건(및 검찰송치)과 불입건을 결정하는 것을 목적으로 하기 때문이다. 이러한 해석은 공공기관의 개인정보보호에 관한 법률 제10조 제3항 6호(범죄의 수사와 공소의 제

10) 과세정보의 공개에 의하여 국민의 알 권리를 충족하는 공공의 이익은 사생활의 비밀인 인격권의 침해를 허용할 만한 명백하고 우월한 공익이 아니라는 취지로 세무조사결과의 공개를 거부한 과세관청의 처분이 정당하다는 대표적인 판결로 서울고법 1995.8.24, 94구39262 판결 참조.

기 및 유지에 필요한 경우)에서도 수사와 공소의 개념을 분리하여 사용하고 있고, (설령 소추목적이 수사와 공소의 제기 및 유지를 포괄하는 개념으로 보더라도) 과세정보의 보호를 규정한 국세기본법 제81조의10 제1항은 과세정보라는 특수한 정보에 관하여 공공기관의 개인성보보호에 관한 법률보다 더 강하게 개징징보를 보호하는 법제로 이해될 수 있기 때문이다.

ㄴ) 소추개연성의 요구 그러나 검찰도 탈세혐의사건이 기소의 요건충족에 근접한 단계, 즉 조세포탈혐의의 개연성이 인정되고 기타 소추조건이 충족된 경우에만 납세자의 과세정보를 예외적으로 사용할 수 있다고 보아야 한다. 세무조사에서 획득되는 과세정보는 매우 민감한 개인정보이고, 그런 정보는 목적구속원칙(Zweckbindung)의 예외인정, 즉 목적 외 사용이 매우 제한되어야만 하기 때문이다. 조세포탈죄혐의의 개연성이 인정되지 않는 상황에서 과세정보를 수사정보로 사용하는 것은, 공공기관의 개인정보보호에 관한 법률 제10조 제3항 단서가 예외적 허용사유가 있는 경우에도 목적 외 사용을 허용하지 않는 경우, 즉 "정보주체 또는 제3자의 권리와 이익을 부당하게 침해할 우려가 있다고 인정되는 때"에 해당한다고 보아야 한다.

ㄷ) 영장주의로부터의 요구 만일 이와 같은 정보보호법적 원칙을 관철하지 않는다고 하더라도, 과세정보 제공에 대한 최소한의 제한은 영장주의로부터 나온다. 즉 세무조사는 영장주의가 적용되지 않는 절차이고, 여기서 획득한 정보를 수사기관이 아무 제한 없이 사용할 수 있다면, 사실상 영장주의가 형해화될 수 있다. 따라서 수사기관의 과세정보요구는 적어도 압수수색영장을 발부받을 수 있는 범죄혐의가 인정될 것을

전제로 할 때만 정당한 것이 된다. 이런 해석은 영장을 발부받을 조건이 충족되지 않은 수사상황에서 임의수사의 하나인 형사소송법 제199조 제2항(공무소조회)에 의해서도 과세정보를 요구할 수 없다는 결론으로 나아간다.

ㄹ) 공무상 비밀누설죄 또한 세무공무원이 이와 같은 기준(위 ㄱ, ㄴ 또는 ㄷ)에 의하지 않고 세무조사에 의해 획득한 과세정보를 수사기관에게 넘겨주는 행위는 공무상 비밀누설죄(형법 제127조)에 해당하여 처벌될 수 있다. 그렇기 때문에 세무공무원은 과세정보를 넘겨줄 수 있는 요건이 충족되어 있는지를 세심히 살펴야만 한다.

III. 범칙조사

1. 범칙조사의 의의

범칙조사는 세무공무원이 조세범처벌법위반의 범죄를 범한 자(범칙자)를 확정하고 그 범칙증빙을 수집하여 (무혐의처분, 조세의 부과·징수처분) 과세청이 벌과금을 부과하는 통고처분이나 수사기관에 고발하는 절차를 말한다.

(1) 범칙조사의 합리성

범칙조사는 세 가지 목적, 즉 ① 조세범죄의 수사의 전문성과 효율성, ② 조세범죄의 일상성·대량성으로 인한 형사사법의 과부하의 예방과 해소 그리고 ③ 조세일탈행위를 둘러싼

형법적 정의의 요구와 경제활동을 위축시키지 말라는 경제체계의 요구 사이의 조화로운 실현(=법체계와 경제체계 사이의 체계통합, System integration)을 지향한다. 이런 목적의 달성은 범칙조사의 합리성을 구성한다.

(2) 행정수사의 원칙들

그러므로 범칙조사는 단순히 행정조사도 아니지만 단순히 범죄수사도 아니며 양자가 통합된 행정수사(administrative inspection)라고 볼 수 있다.

(가) 수사로서의 제한 행정'수사'로서 범칙조사는 형사소송법에 의한 수사에 관철되는 적법절차가 원칙적으로는 동일하게 적용된다. 조세범처벌절차법 제4조도 "형사소송법 중 압수, 수색과 수색영장에 관한 규정은 본법에 규정된 압수, 수색과 수색영장에 준용한다."고 규정한다. 그러나 범칙조사가 행정조사로서 갖는 성격과 충돌되지 않는 범위에서는 압수·수색 및 영장에 관한 규정 이외의 형사소송법규정도 준용될 수 있다. 이를테면 범칙조사는 탈세를 밝히기 위해 필요한 장부를 수사하기 위해 영장(행정수사영장, administrative inspection warrant)을 발부받아 사무실을 수색하고 필요한 장부를 압수할 수 있다. 하지만 체포·구속 등의 대인적 강제처분은 사용할 수 없다. 이는 범칙조사가 통고처분으로 끝나거나 수사기관에의 고발로 종결되는 절차, 즉 형사소송절차 이전의 절차라는 점을 고려한 것이라 할 수 있다.

(나) 행정조사로서의 제한 다른 한편 범칙조사는 행정조사로서 세무조사가 받는 제한들, 예를 들어 주사무소·사업장

조사, 일과시간 내 조사, 미리 정한 조사대상·과세기간 준수, 확대조사시 관할관서장의 사전승인 등과 같은 '수사방법상의 제한'과 납세자권익보호, 신의성실원칙, 실질과세원칙, 근거과세원칙, 조세비례원칙 등과 같은 '세무조사원칙에 의한 제한'을 함께 받는다.

2. 범칙조사의 적법절차

(1) 조 사 자

범칙조사는 조사권이 있는 세무공무원, 즉 그 소속 세무관서에 따라 지방국세청 또는 국세청장의 제청에 의해 지방검찰 검사장 또는 검찰총장의 지명을 받은 자[11)]가 행한다. 이들은 신분상 사법경찰관리가 아니어서 검사의 수사지휘를 받지 않지만 영장청구는 검사를 통하여 하기 때문에 영장청구를 위한 자료보완 등의 지휘를 받을 수는 있다.

(2) 관 할

범칙사건의 사건관할은 법인세 납세지, 소득세 납세지, 간접국세 범칙사건에서는 그 사업장을 각각 관할하는 세무관서에 속하고, 범칙사건의 규모에 따라 국세청, 지방국세청 또는 세무서가 각기 범칙조사를 담당한다.

(3) 증빙취집

범칙사건의 증빙취집은 국세청, 사건 발견지를 소관하는

11) 조세범처벌절차법시행령 제1조.

지방국세청 또는 세무서의 세무공무원이 행하고, 각 관서의 세무공무원이 취집한 증빙은 관할하는 지방국세청이나 소관세무서의 세무공무원에게 인계한다. 다만 국세청장은 각 관서의 세무공무원이 증빙을 취집한 사건 중 중요한 것에 한하여 직접 처리할 수 있다. 또한 동일범칙사건에 관한 증빙이 수개 장소에서 발견된 때에는 각 발견지에서 취집한 증빙은 최초의 발견지 소관세무서의 세무공무원에게 인계하여야 한다. 세무관서 이외의 기관과 그 소속공무원이 인지한 범칙사건은 국세청장 · 소관지방국세청장 또는 세무서장에게 지체 없이 인계하여야 한다(절차법 제6조).

(4) 범칙조사의 개시요건

범칙조사는 세무공무원이 어떤 자료에 의하여 범칙사건이 존재한다는 혐의를 인지한 때 개시한다. 이와 같은 범칙조사의 혐의를 인지하는 단서는 세무조사, 다른 범칙사건조사, 현행범의 발견, 수사기관으로부터 통보나 이첩, 제3자의 제보,[12] 미디어의 보도 등 제한이 없다. 다만 범칙조사는 다음 두 가지 중대한 제한을 받는다.

(가) 범칙혐의의 상당성 수사와 달리 모든 인지된 범칙혐의에 대해 조사를 개시하는 것이 아니라 그 범칙혐의가 '구체적'인 정도를 넘어 '상당'하여야(즉, 고도개연성이 있어야) 범칙조사를 개시할 수 있다고 해석하여야 한다. 이는 '구체적' 범죄

12) 조세포탈에 대한 중요한 자료를 제공한 자에 대한 포상제도(조세범처벌절차법 제16조)에 따라 각 세무관서에서는 세금고발센터를 운영하여 탈세정보를 받고 있다.

혐의(konkreter Tatverdacht)만 있으면 수사를 개시할 의무를 부과하는 형사소송법 제195조와 구별된다. 이런 법해석은 조세형법의 취약한 도덕적 기반과 조세범죄에 대한 통제의 선별성을 고려하고 세무조사에의 협조와 자진납부의 동기강화 등을 위한 것이다. 이로써 범칙사건에 대한 행정수사로서 범칙조사는 일반 형사사건에 비해 더 한층 강화된 수사비례원칙을 적용받는다고 할 수 있다.

(나) 범칙조사의 사회적 상당성 　또한 범칙조사는 혐의탈세의 규모 및 납세의무액 대비 탈세액의 비율, 동종업자와의 형평성이나 업계에 대한 경제적 영향 등 법외적 요소까지 종합적으로 고려하여 범칙사건으로 조사함이 사회적으로 상당한 경우에만 개시하여야 한다. 이러한 사회적 상당성의 요청도 탈세의 광범위한 발생과 일상성을 고려하고 조세범죄에 대한 처벌의 형평성을 위하여 수사비례원칙을 강화시킨 결과이다.

(다) 절차적 제한 　범칙조사는 세무조사와 달리 절차적인 요건, 즉 피조사자에게 조사원증, 세무공무원 지명서, 압수·수색영장을 제시하고, 범칙조사 집행의 뜻을 알린 후에나 개시할 수 있다.

(5) 범칙조사의 방법

범칙조사는 범칙혐의를 밝히기 위해 필요한 범위에서 범칙혐의자나 참고인을 심문·압수 또는 수색할 수 있다(제2조).

(가) 임의조사 　범칙조사의 방법으로 임의조사로는 심문, 검사, 그리고 세무조사의 방법을 들 수 있다.

ㄱ) 심　문 　범칙조사는 범칙혐의자나 참고인의 동

의를 받아 심문하는 방법으로 행한다. 여기서 "심문"(審問)은 '신문'(訊問)(예: 피의자신문)과 달리 피조사자에게서 증빙을 발견하는 조사활동의 측면 이외에 피조사자에게 혐의에 관한 자신의 입장을 논증적으로 설득시키는 기회(법적 청문권, Anspruch auf rechtliches Gehör)를 부여한다는 의미를 가진다. 그러나 범칙혐의자에 대한 심문은 통고처분 또는 고발의 자료가 되므로 진술거부권(헌법 제12조 제2항)은 범칙혐의자의 심문에도 적용된다. 진술거부권은 진술거부권을 고지할 의무를 포함한다. 따라서 세무공무원은 심문 전에 진술거부권을 고지하여야 한다. 심문의 장소는 제한이 없고, 구두 또는 서면에 의한 질문과 답변 모두 허용된다. 심문은 피심문자의 동의가 있지 않으면 야간에는 허용되지 않는다(일과시간 내 조사원칙). 심문내용은 전말서(심문조서)를 작성하여 입회인 또는 심문을 받은 자에게 확인시킨 후 세무공무원이 그와 함께 서명·날인하여야 한다. 서명날인을 거부하거나 할 수 없는 경우에는 그 사유를 부기하여야 한다(절차법 제5조). 전말서는 형사소송법의 규정에 준하고, 범칙처분은 물론 수사와 재판에서도 증거로 사용될 수 있다.

ㄴ) 검 사 또한 범칙혐의자 및 참고인의 승낙을 얻어 혐의범칙사건과 관련된 물건·장부 또는 서류, 주거 기타 장소에 대하여 검사(예: 장부조사, 재고조사)를 할 수 있다.

ㄷ) 세무조사방법의 사용 행정수사로서 범칙조사는 행정조사인 세무조사에서 허용되는 질문검사의 내용과 방법을 사용할 수 있다. 따라서 범칙혐의자에 대한 질문, 장부·서류 기타 물건의 조사나 제출 명령, 장부와 증빙서류의 진실성 검증을 위한 실물조사, 거래처와 금융거래의 확인조사 등을 할

수 있다. 이는 범칙조사가 일반 수사와 달리 행정수사로서 갖는 특징이다.

(나) 강제조사 강제조사는 강제수사에 해당하는 범칙조사의 방법이다. 그 내용에서는 형사소송법상의 강제수사와 같다. 다만 ① 범칙혐의자에게 체포·구속사유가 있어도 체포·구속은 허용되지 않고 즉시 고발할 수 있을 뿐이다. ② 대물적 강제조사로 범칙사건의 증거물·몰수물에 대한 압수·수색이 허용되고(절차법 제3조 제1항), 범칙행위가 현행중이거나 범칙혐의자가 도피 또는 증거를 인멸할 우려가 있어 긴급을 요하는 경우에는 영장 없는 압수·수색(긴급압수·수색)도 인정된다. 이 경우에는 48시간 이내에 사후영장을 발부받아야 하고, 그렇지 않으면 압수물을 환부해야 한다(제2항). 이에 관한 요건·절차·집행의 적법절차는 형사소송법의 압수·수색과 같다(제4조). 다만 조세범처벌절차법은 형사소송법상의 검증을 강제조사의 하나로 인정하지 않는다. 이는 세무조사의 임의조사방법으로도 같은 목적을 충분히 달성할 수 있기 때문으로 보인다. ③ 그 밖의 강제조사로는 흔히 임의조사로 이해되기도 하지만 특가법상 조세포탈죄에 해당하여 고발과 징역형이 예상되는 범칙혐의자에 대해서는 출국규제, 명문규정이 없지만 형사소송법의 규정을 준용하여 인정될 수 있는 영치가 있다.

(6) 세무조사와 범칙조사의 관계

(가) 세무조사와 범칙조사의 준별 행정수사로서 범칙조사는 앞서 설명한 바와 같이 행정조사인 세무조사에서 허용되는 질문검사의 내용과 방법을 사용할 수 있다. 이는 범칙조사가

일반 수사와 달리 행정수사로서 갖는 특징이다.

ㄱ) 범칙조사를 위한 세무조사권의 남용금지 그러나 이로써 범칙조사와 세무조사의 준별이 흩뜨려져서는 안 된다. 준별원칙을 유지하기 위한 방편으로 일본에서는 질문검사권의 행사가 범죄수사를 위하여 이용되는 것이라고 해석되어서는 안 된다는 명문규정을 둔 경우가 많다.[13] 우리나라에서도 일본의 법제와 같이 "순전히 범칙사실의 단서를 포착할 목적으로 세무조사를 하는 것은 허용되지 아니한다"[14]고 해석한다. 물론 이러한 해석은 범칙조사가 범칙혐의의 인지가 없는 상태에서 그런 인지를 위해 세무조사를 하는 것은 세무조사권의 남용으로서 금지되어야 한다는 점에서 타당하다.

ㄴ) 범칙조사에서 세무조사방법 사용의 전제조건 그러나 범칙혐의가 인지된 이후에 범칙조사를 하는 방법으로 세무조사의 방법을 사용하는 것은 행정수사의 특성상 허용된다고 보아야 한다. 다만 범칙조사는 식약청의 마약범단속과 같은 다른 행정수사와는 달리 그 범죄성과 관련한 시민들의 이중적 도덕의식 등을 고려할 때 세무조사의 방법을 사용하게 되면 통고처분이 아니라 과세처분으로 절차를 종결한다는 전제 하에서만 허용할 필요가 있다. 이는 심지어 조세포탈의 혐의가 인지되었는데도 세무조사만을 시행하거나 조세포탈사실이 확정된 이후에도 범칙조사로 전환하거나 고발하지 않고 과세처분으로 종결하는 세무관서의 업무관행(비공식적 규칙)과 형평을 맞추기 위한 제한이다.

---

13) 일본 상속세법 제60조 제4항, 소득세법 제234조 제2항, 법인세법 제156조 등을 참조.

14) 안대희, 『조세형사법』 (법문사, 2005), 830쪽.

(나) 비가역성의 원칙 이런 제한을 인정한다면 탈세조사에서는 (세무조사와 범칙조사 사이의) '비가역성원칙'이 생성되게 된다. 즉, ① 세무조사를 하다 범칙사실이 인지되고, 세무관서가 다양한 정황을 고려하여 공식적으로 범칙절차로 전환한 경우에는 과세처분 이외에 통고처분 또는 형사고발을 할 수 있다. ② 반면 범칙조사를 먼저 개시하다 수사의 방법만으로 탈세내용을 충분하게 밝힐 수 없어, 세무조사의 방법을 사용하는 경우에는 그 조사의 결과를 토대로 조세의 부과 · 징수처분만을 내리고 통고처분은 내려서는 안 된다. ③ 다만 세무조사와 범칙조사와는 완전히 다른 기관인 수사기관에 의해 전개되는 조세포탈죄의 수사절차는 별개의 절차이므로 수사기관이 독자적으로 수사하고, 검사가 조세당국의 고발 없이 공소 제기 할 수 있는 특가법상의 조세포탈죄에 해당하는 범칙사실이 인정될 때에는 (①과 ②의 어떤 경우에서든) 형사고발을 할 수 있다. 다시 말해 세무조사 및 범칙조사와 범죄수사 사이에는 비가역성원칙이 적용되지 않는다.

유형 항목	세무조사	범칙조사	수 사
성 격	행정조사	행정수사 (administrative investigation)	수사 (investigation)
목 적	과세근거의 발견, 과세자료의 수집, 조세채권 실현확보를 위한 납세자의 재산상태 조사	– 범칙자의 확정과 범칙증빙의 취집 – 조세일탈행위에 대한 합리적 통제	– 조세포탈자의 규명과 증거의 수집 – 조세범죄에 대한 형사정의의 관철

주 체	세무공무원	지방국세청장의 제청에 의해 관할 지방검찰청 검사장, 국세청장의 제청에 의해 검찰총장의 지명을 받은 세무공무원(조세범처벌절차법시행령 제1조)	수사기관(사법경찰관, 검사)
대 상	납세의무확정자 납세자	범칙혐의자, 참고인	피의자, 참고인
방 법	질문조사 (임의조사)	– 심문 – 압수, 수색(조절법 제2조) – 형사소송법 준용(조절법 제4조) – 세무조사 방법 등의 제한(주사무소·사업장 조사, 일과시간 내 조사, 미리 정한 조사대상 과세기간 준수 확대조사시 관할관서장의 사전승인)	– 피의자신문 – 참고인조사 – 체포·구속 – 압수·수색·검증 – 감정유치 등
원 칙	– 합법성과 적법절차성 – 세무조사원칙들(납세자권익보호, 신의성실원칙, 실질과세원칙, 근거과세원칙, 조세비례원칙 등)	세무조사원칙과 형사소송의 적법절차원칙(영장주의 등)의 동시적용	형사소송의 적법절차원칙
차 별 적 용	– 재조사금지 – 납세자성실성 추정 – 세무조사 사전통지 – 과세적부심사청구	왼쪽제도 미적용	왼쪽제도 미적용

공 통 적 용	– 납세자권리헌장교부 – 변호사/공인회계사/세무사 조력을 받을 권리 – 조사결과통지(제81조의9) – 과세전 적부심사청구 – 세무공무원 비밀유지의무(단 고발시엔 세무조사결과와 달리 범칙조사결과의 공익목적상 공표가능)	왼쪽제도 미적용

3. 범칙사건의 심사와 처리

(1) 심 사

① 범칙조사가 끝나면 세무공무원은 조사보고서, 전말서, 증빙서류를 첨부하여 소속관서장에게 보고하고(절차법 제8조), 통고처분(및 벌금액)이나 고발에 관한 의견을 제출한다. ② 세무서장 등 조사관서장은 심사 후 범칙의 심증을 자유로운 (그러나 합리적인) 판단으로 범칙행위에 대한 확신, 즉 합리적 의심을 남기지 않는 심증 여부를 결정하고, 범칙의 심증을 얻으면 통고처분 또는 고발을 하고, 범칙의 심증을 얻지 못하면 무혐의처분을 행한다.

(2) 통고처분

(가) 의 의

ㄱ) 개 념 국세청장·지방국세청장·세무서장은 범칙조사에 의해 범칙의 심증을 얻었을 때에는 그 이유를 명시하여 벌금 또는 과료에 상당하는 금액, 몰수 또는 몰취할 물품, 추징금에 상당하는 금액, 서류송달 및 압수물건의 운반·보관

에 필요한 비용을 지정한 장소에 납부할 것을 통고한다(절차법 제9조 제1항).

ㄴ) 의무적 재량성 범칙의 심증이 있으면 고발사유가 없는 한 반드시 통고처분을 해야 한다는 견해[15]도 있지만, 범칙의 심증은 있어도 포탈세액의 규모, 죄질, 전과유무, 일반예방적 효과 등의 '정상'을 고려하여 사안이 경미한 경우에는 통고처분을 하지 않고 세금의 추징과 가산세부과만으로 절차를 끝낼 수 있다.

(나) 법적 성격과 효력 ① 통고처분은 벌과금을 확인하는 확인행위적 행정처분이어서 강제적인 집행력이 발생하지 않는다. 따라서 범칙자가 이행하지 않으면 조세당국은 단지 고발하여 형사절차로 이행하게 할 수 있을 뿐이다. ② 그러나 통고처분은 사법적 성격을 띤다. 왜냐하면 통고처분의 내용이 형벌(벌금, 과료)이고, 통고를 하면 공소시효가 중단되며(제10조), 통고처분에 대하여는 행정쟁송이 허용되지 않으며(예: 국세기본법 제55조 제5항 2호),[16] 범칙자가 이를 이행하면 동일한 사건에 대하여 거듭 소추되지 않는 효력(절차법 제11조 제1항)이 발생하기 때문이다. 특히 이중소추금지원칙은 헌법 제13조 제1항 단서를 이중처벌금지원칙에서 이중위험금지원칙으로 확장 실현한다는 점에서 헌법적 지위를 갖는다고 할 수 있다.

(다) 내용과 방식 통고처분은 ① 통고처분하는 이유[농일성을 판단할 수 있을 정도로 특정한 범칙사실을, 각 범칙행위마다

15) 안대희, 『조세형사법』(박영사, 2006.), 854쪽 참조.

16) 대판 1979.6.12, 79누89 참조. 그러나 통고처분의 이유인 포탈세액의 부과처분은 별개로 행정쟁송의 대상이 될 수 있다.

적용법조(조세범처벌법 및 위반한 세법조항)를 명시하고, 증거서류번호를 기재함], ② 국세청 내부훈령이 벌과금상당액양정규정에 의하여 "벌금 또는 과료에 상당하는 금액," "몰수 또는 몰취에 해당하는 물품추징금에 상당하는 금액"(상당벌과금[17]), ③ 소요비용(압수 또는 영치시의 운반비, 보관비 및 서류송달시의 송달비용)을 정하여, ④ 납부장소와 이행기간(통고처분통지서를 받은 날로부터 15일 이내)을 지정한, ⑤ 통고서를 범칙자에게 송달하는 방식으로[18] 행한다. 범칙자의 거소불명, 수령거부로 인하여 송달을 할 수 없을 때에는 고발절차를 밟게 된다(절차법 제12조 제2항).

(라) 정상통고처분 범칙혐의가 명확하고, 특가법상 조세포탈죄를 적용할 만큼의 규모인 경우에 행하는 통고처분은 판례[19]에 의하면 무효가 된다. 그러나 그런 경우에도 포탈세율, 자진납부, 세무조사에의 협조 그리고 고발에 의한 형사처벌이 동일한 범칙행위에 대한 일반예방과 특별예방의 관점에서 필요한지 등을 종합적으로 판단하여 (실형의) 징역형을 부과함이 필요 없다고 판단되는 경우에는 통고처분으로 종결하고 고발하지 않을 수 있다고 해석하여야 한다. 바꿔 말해 고발과 통상

17) "상당하는"이란 표현을 사용하는 것은 세무관서장이 벌과금의 형벌을 부과할 권한이 없고, 형사재판을 하면 법원에서 선고될 금액을 미리 양정하여 이를 납부하라고 통고하는 것이기 때문이다.

18) 송달에 관한 명문규정은 없으나 조세범처벌절차법시행령 제5조는 "세무공무원은 형사소송법의 규정에 준하여 문서의 작성과 송달을 하여야 한다"고 규정하고 있기 때문에 형사소송법상 교부송달(예: 수령증 받음)과 우편송달(예: 등기우편 또는 배달증명)의 방법에 의해야 한다.

19) 대판 1982.11.23, 81도1737. 이 판례의 문제점에 대한 자세한 분석과 비판은 아래 [4].II.2.(2) 참조.

의 형사소송절차에 의한 처벌이 없이도 그 범칙사건이 사회적으로 '해결' ―조세일탈행위로 발생한 사회적 갈등이 해소(Falllösung)― 될 수 있다면 형사사법기관과 형사소송절차가 작동을 개시할 필요가 없다는 것이다. 이는 형법의 보충성원칙(Subsidiaritätsprinzip)으로부터 나오는 결론이다. 이처럼 포탈세액으로는 징역형이 법정형인 특가법의 적용을 받을 사안이지만 조세당국이 범칙사건의 '정상'을 종합적으로 고려하여 통고처분으로 종결하는 것이므로 ―이를 '정상징역형'이라는 법문언(절차법 제9조 제3항)에 대응하여― '정상통고처분'이라고 부를 수 있다. 반면에 정상을 종합적으로 고려한 결과 법원에 의해 형사소송에서 징역형이 선고됨이 마땅하다고 판단한다면, 고발을 하여야 한다. 그때의 징역형을 범칙사건에서 '정상징역형'이라고 개념화할 수 있다.

(3) 고　발

(가) 의　의　　세무공무원이 범칙사건의 조사를 종료하여 세무관서장에게 보고 세무관서장은 범칙처분으로서 관할 지방검찰청 또는 지청의 검사에게 고발한다.

ㄱ) 세무공무원의 즉시고발　　세무공무원은 범칙혐의자의 거소가 분명하지 아니하거나, 범칙혐의자가 도주 또는 증거를 인멸할 우려가 있을 때 세무관서장에 대한 보고를 거치지 않고 직접 즉시고발을 할 수 있다(절차법 제8조 단서).

ㄴ) 세무관서장의 고발　　세무공무원의 범칙조사결과를 보고받은 세무관서장은 범칙의 확신이 들면 원칙적으로 통고처분을 해야 한다(통고처분 전치주의). 다만 예외적으로 범칙자

가 ① "통고대로 이행할 자력이 없다고 인정되는 때"(절차법 제9조 제2항), ② "정상징역형에 처할 것으로 사료되는 때"(동조 제3항), ③ "범칙자가 통고를 받은 날로부터 15일 이내에 이행하지 아니할 때"(제12조 제1항), ④ "범칙자의 거소가 분명하지 아니하거나 범칙자가 서류의 수령을 거부함으로 인하여 통고할 수 없을 때"(동조 제2항) 관할 지방검찰청 또는 지청의 검사에게 고발한다.

(나) 고발의 적법요건 ① 고발의 상대방은 관할 지방검찰청 또는 지청의 검사이다. 범칙조사는 실질이 수사이므로 사법경찰관에 대한 고발은 적절하지 않다. ② 고발은 사건번호, 고발자, 고발처와 고발의사표시, 죄명, 범칙자의 인적 사항, 범칙일시 및 범칙사실, 범칙증빙물건, 고발사유, 첨부서류를 기재한 고발서에 의한다. ③ 압수목록을 첨부하여 고발사건을 담당하는 검사에게 인계하여야 한다(절차법 제13조 제1항). ④ 고발의 적법요건을 갖추지 않은 고발(예: 범칙사실의 기재가 없거나 특정되지 않은 경우, 명백하게 고발사유가 없이 고발된 경우, 통고처분이 이행되었는데 고발한 경우, 고발사유 없이 통고처분을 거치지 아니하고 고발하는 경우)은 유효하지 않다. 그러나 검사 등의 수사기관이 고발을 요청하여 조세당국이 고발한 경우에 고발의뢰나 요청이 그 고발의 효력을 배제시키지는 않는다.[20]

20) 대판 1995.3.10, 94도3373: "조세범처벌법 제6조의 세무종사공무원의 고발은 공소제기의 요건이고 수사개시의 요건은 아니므로 수사기관이 고발에 앞서 수사를 하고 피고인에 대한 구속영장을 발부받은 후 검찰의 요청에 따라 세무서장이 고발조치를 하였다고 하더라도 공소제기 전에 고발이 있은 이상 조세범처벌법 위반사건 피고인에 대한 공소제기의 절차가 법률의 규정에 위반하여 무효라고 할 수

[고발사유의 판단오류와 고발의 효력] 판례에 의하면 고발사유가 없는 고발, 즉 세무공무원이 고발사유에 관한 판단을 잘못한 경우에도 고발은 유효하다고 본다: "조세범처벌절차법에 즉시고발을 함에 있어서 고발사유를 고발서에 명기하도록 하는 규정이 없을 뿐만 아니라 원래 즉시고발권을 세무공무원에게 부여하였음은 세무공무원으로 하여금 때에 따라 적절한 처분을 하도록 할 목적으로 특별사유의 유무에 대한 인정권까지 세무공무원에게 일임한 것이라고 볼 것이므로 조세범칙 사건에 대하여 관계 세무공무원의 즉시고발이 있으면 그로써 소추의 요건은 충족되는 것이고, 법원은 본안에 대하여 심판하면 되는 것이지 즉시고발 사유에 대하여 심사할 수 없다."[21] 그러나 고발사유가 없음이 명백한 경우에 고발은 효력이 없다고 보아야 한다. 그렇지 않다면 조세범처벌절차법이 취하는 통고처분전치주의가 무의미해지기 때문이다.

(다) 포탈세액혐의의 불확실성과 고발결정에서 자유우선원칙의 적용

범칙혐의는 일부는 명확한 데 조세포탈액이 특가법상 조세포탈죄가 적용될 만큼의 규모인지가 확실하지가 않은 경우에 그 불확실한 부분에 대하여는 비례성원칙, 특히 의심스러울 때에는 시민의 자유이익으로(in dubio pro libertate) 원칙, 줄여서 자유우선원칙에 따라 고발하지 않고, 통고처분을 할 수 있을 뿐이다. 이런 결론은 조세포탈죄의 "부정한 방법"이라는 요건은 가치충전이 필요한 매우 불확정적 개념이어서 그 충족여부의 판단이 매우 불안정하다는 점을 고려한 것이다. 또한 그런 불안정성에도 불구하고 고발을 하게 되면 피조사자를 부당하게 이중위험에 빠뜨리게 된다. 즉, 혐의가 상당하지만 불확실한 경우에 고발하지 않는 것은 이미 범칙조사로 실질적인 수사를 모두 받았고,

---

없다."

21) 대판 2007.11.15, 2007도7482; 1996.5.31, 94도952.

불확실한 조세범죄혐의를 밝히기 위해 또 다시 형사소송절차를 밟게 하는 것은 이중위험(이중조사, 이중심판)에 빠뜨리는 것이기 때문이다. 반면 혐의를 인정할 경우 특가법이 적용되는 부분에 대하여는 범칙혐의가 아직 확실하지는 않지만 상당한 경우에는 통고처분을 할 수 있다. 통고처분은 이행하지 않으면 고발에 의해 형사소송절차에서 피조사자는 자신의 무혐의를 다툴 수 있고, 또한 통고처분을 이행함으로써 고발을 피하고, 징역형과 2~5배 벌금의 병과를 피할 수 있는 이익이 주어지기 때문이다.

(라) 고발의 법적 효과와 효력범위

ㄱ) 고발의 법적 효과 범칙사건에 대한 고발은 전속고발사건(처벌법 제6조)인 경우에는 소추조건 및 소송조건이 되고, 특가법상 조세포탈죄에서는 수사의 단서가 된다. 그러나 전속고발제도가 시민법으로서의 조세형법과 국가법으로서의 조세형법의 간극을 조정하고, 조세체계와 사법체계 사이의 체계통합을 수행하는 기제로 이해되면 조세당국의 고발여부는 수사의 개시에서 소추 및 심판에 이르는 전 과정에서 형사처벌여부와 그 강도를 결정하는 구성적인 요소로 기능할 수 있다.[22]

ㄴ) 고발의 효력범위

① 객관적 불가분원칙 고발은 범칙사건의 일부에 대한 것이어도 그 전부에 대하여 효력이 미친다. 예컨대 동일한 사업연도에서 일어난 법인세포탈이면 다른 계정과목의 법인세포탈에 대하여도 고발의 효력이 미친다.

③ 주관적 불가분원칙의 배제 범칙행위의 공범자

22) 이러한 기능에 관해 자세히는 다음 [4].IV.에서 논의한다.

중 1인에 대한 고발이 고발장에 기재되지 않은 다른 공범자에게도 미치는지, 즉 조세당국의 고발에도 형사소송법 제233조의 주관적 불가분원칙이 적용되는지에 관해 판례는 부정적인 입장이다.

> "조세범처벌법 제6조는 조세에 관한 범칙행위에 대하여는 원칙적으로 국세청장 등의 고발을 기다려 논하도록 규정하고 있는바, 같은 법에 의하여 하는 고발에 있어서는 이른바 고소·고발 불가분의 원칙이 적용되지 아니하므로, 고발의 구비 여부는 양벌규정에 의하여 처벌받는 자연인인 행위자와 법인에 대하여 개별적으로 논하여야 한다."[23)]

고발사유는 통고이행자력, 통고불이행, 정상징역형 등 범칙혐의자 개인에 고유한 것들이기 때문에, 그리고 조세당국의 고발결정 자체가 범칙혐의자에 대한 형의 양정을 거쳐 이루어지는 것이기 때문에, 고발은 범칙혐의자에 대해 개별적으로만 효력을 미친다.

ㄷ) 고발의 취소 고발은 형사소송법 제232조, 제255조를 준용하여 특히 명백히 잘못된 고발의 경우에 그리고 제1심 판결 선고 전까지 취소할 수 있다.[24)]

---

23) 대판 1962.1.11, 4293형상883; 1973.9.25, 72도1610; 2004.9.24, 2004도4066

24) 대판 1957.3.29, 4290형상58: "비록 형사소송법전 상고소와 같이 그 취소시기에 관하여 제1심 판결선고 전까지 취소할 수 있다(제232조 제255조 참조)는 명문의 규정은 없으나 고발의 취소시기도 전시 친고죄의 고소취소시기에 준하여 제1심 판결선고 전까지 할 수 있고 동 판결 선고 후에 있어서는 이를 허용할수 없다고 해석함이 타당하다 할 것이다."

ㄹ) 고발의 추완 전속고발사건에서 고발 없이 공소가 제기된 후에 비로소 고발이 있어도 공소제기의 하자가 치유되지는 않는다.[25] 추완불허는 전속고발사건으로 공소 제기되고 전속고발사건으로 심판되는 경우에뿐만 아니라 처음에는 특가법상 조세포탈로 기소되었지만 심리를 통해 조세범처벌법상의 조세포탈, 즉 전속고발사건으로 인정되는 경우에도 마찬가지이다. 이는 형사소송법상 고소이론과 같은 결론이다.

IV. 수 사

조세범죄에 대한 수사기관에 의한 수사의 방법과 절차는 일반 형사사건의 경우와 다르지 않다. 아래에서 개관하는 조세범죄수사에 대한 법제 이외에 조세범죄에 대한 수사는 이중위험금지원칙(이중조사금지원칙), 일반 형사사건에 비해 강화된 수사비례원칙 그리고 전속고발제도에 의하여 제한된다. 이에 관해서는 다음 [4] 단락에서 자세히 논의한다.

1. 수사기관

사회적 관심을 끄는 조세포탈사건은 검찰의 특수부서(예: 대검 중앙수사부, 지검의 특별수사부 등)에서 담당하는 경우가 많고, 고발 받은 사건을 검사가 사법경찰에게 수사지휘를 하는

25) 대판 1970.7.28, 70도942.

경우도 적지 않다. 사법경찰관도 조세범죄를 직접 인지할 수는 있다.

2. 수사의 방법과 절차

① 조세범죄에 대한 수사는 통상적으로는 조세당국의 고발에 의해 수사의 단서가 마련되면, 수사대상자나 증거확보방법에 대한 준비를 하는 내사단계를 거쳐, 범죄혐의가 인정되면 소속 검찰청의 장에게 보고를 하고 승인을 받아 수사를 개시한다. ② 수사는 통상적으로는 세무관서의 범칙조사를 거쳐 고발될 때 넘어온 각종 조사기록과 범칙증빙자료를 검토하고, 조사를 한 세무공무원의 진술을 듣는 방법으로 수행한다. 그러나 필요한 경우, 특히 포탈세액의 확정이나 공소유지를 위해 새롭게 증거를 수집하기도 한다. 수사의 방법으로는 장부조사, 계좌추적, 피의자신문과 참고인조사 등이 사용된다. 또한 임의로 출석하여 피의자신문을 받던 중에도 신병확보를 위해 필요하다면 긴급체포를 할 수 있다. ③ 수사기관이 조세범죄를 직접 인지한 경우에는 수사의 초기단계에서 압수·수색영장에 의하여 탈세관련장부를 압수하는 등의 조치를 취한다. 이후의 수사를 통해 포탈세액이 확정되면 피의자를 신문하고, 신병확보를 위해 구속하기도 한다. ④ 특가법상의 조세포탈죄는 감청대상범죄(통신비밀보호법 제5조 제1항 9호)에 해당되고, 조세범처벌법상의 조세포탈은 감청대상범죄가 아니다. 하지만 최근 조세사건의 수사를 위해 감청하는 사례는 많지 않은 것으로 보인다. ⑤ 조세포탈범죄의 수사를 위해 피의자나 피내사자까지도 출금금지(출

입국관리법 제4조 제1항 2호)가 허용된다. ⑥ 또한 고발사건에서 수사의 범위는 원칙적으로 고발장에 기재된 고발사실과 동일성이 인정되는 조세포탈행위에 국한된다.

3. 사건처리와 공소

(1) 종결처분의 유형

검사는 수사결과에 따라 기소(구속구공판, 불구속구공판) 또는 (특히 양벌규정에 의한) 벌금형의 약식명령, 불기소, 기소유예를 한다. 조세포탈혐의가 인정되어도 정상을 참작하여 기소유예를 할 수 있다. 이때 기소유예는 포탈세액 및 가산세의 정상납부와 그 밖의 조건을 붙여 할 수 있다. 기소유예는 일종의 '정상불기소처분'이라고 말할 수 있다.

(2) 공소제기

① 조세범죄에 대한 공소제기도 공소장을 제출하는 방법으로 하고, ② 공소장에는 피고인의 성명 기타 피고인을 특정할 수 있는 사항을 기재하여야 하며, 죄명[예: 조세범처벌법위반, 특가법위반(조세포탈), 지방세법위반], 적용법조(예: 조세범처벌법의 처벌조항과 특가법 제8조 제1항) 그리고 공소사실을 특정하여 기재한다. ③ 공소사실의 특정을 위해서는 범죄의 주체, 범죄의 일시와 장소, 부정행위의 내용, 포탈세액, 기수시기 등을 기재하여야 한다.

(3) 공소장변경

① 공소제기된 조세범죄와 동일성이 인정되는 범위 내(형사소송법 제298조 제1항)에서 공소장변경이 가능하다. 예컨대 세목이 다르거나 과세연도가 다른 사건에 대해서는 공소장변경이 허용되지 않는다. ② 계정과목(손익, 자산, 부채)은 공소사실로 특정되어야 하는데, 계정과목의 변경은 실제소득금액과 포탈세액을 변경시킬 수 있기 때문에 공소장변경을 거쳐야만 허용된다. ③ 또한 포탈세액이 증가하면 피고인의 방어에 실질적 불이익이 초래될 수 있으므로 원칙적으로 공소장변경을 거쳐야 하는 반면, 포탈세액이 감소하면[26][예: 특가법 제8조 제1항 1호가 적용되는 사안(포탈세액이 10억원 이상)이 심리를 한 결과 동항 2호가 적용되는 사안(포탈세액이 5억원 이상)이 된 경우] 피고인에게 불이익을 주지 않으므로 공소장변경 없이 심판할 수 있다.

26) 대판 1993.7.27, 93도658: "기소된 공소사실 중 포탈세액 등만이 위 제2호 소정의 액수로 적게 인정되는 경우에는 위 제2호를 적용하더라도 피고인의 방어권행사에 실질적인 불이익을 초래할 염려가 전혀 없다 할 것이므로 공소장변경의 절차를 거치지 아니하고 위 제2호를 적용하여 처단할 수 있다."

[4] 이 론: 조세범 형사처벌의 적법절차성

Ⅰ. 조세범 형사처벌의 제한 필요성

1. 이중의 부담

형사처벌은 수사, 소추, 심판의 과정으로 이루어진다. 그러나 조세범죄의 경우에는 조세당국의 세무조사, 범칙조사가 통상적인 형사절차보다 앞서 진행된다. 세무조사는 언제든지 조세범처벌법상의 범죄행위에 대한 실질적인 수사로서 기능하는 범칙조사로 전환될 수 있다. 조사의 실질은 세무조사나 범칙조사나 거의 같다. 또한 범칙조사를 한 결과 통고처분으로서 부과되는 범칙금은 벌금 또는 과료로서 형벌(형법 제41조 6,8호)이 되며, 그 범칙금을 납부하면 동일한 사건으로 검사에 의해 소추되지 않는다. 즉 범칙조사절차는 실질적으로 형사사법절차를 대체한다. 다만 특정범죄 가중처벌 등에 관한 법률 제8조의 조세포탈죄에 관해서는 조세당국의 고발 없이 소추가 가능하므로, 수사기관들은 세무조사와 범칙조사와 별개로 동시에 수사를 진행할 수 있다고 법을 해석한다.

그러나 조세범처벌법의 적용과 특가법 적용의 차이가 단지 포탈세액의 규모에 의해 결정되는 점이 문제이다. 특히 포탈세액의 규모는 법원의 심리에 의해 비로소 특가법을 적용할 수 없는 범칙사건임이 밝혀지기도 한다. 또한 이와 정반대로 조세당국은 범칙사건으로 보고 통고처분을 했지만, 수사기관은 특가법상 조세포탈사건으로 보고 독자적으로 수사하여 소추하며, 법원은 특가법사건으로 보고 통고처분을 무효화하기도 한다. 여기서 첫째, 절차적으로 보면 범칙사건과 특가법사건의 구별은 예측하기가 쉽지 않다고 볼 수 있다. 둘째, 그런 불확실한 상황에서 납세자가 조세당국에 의해 세무조사, 범칙조사를 받을 뿐만 아니라 수사기관의 수사와 법원의 심판까지 받는 이중의 부담을 짊어질 수 있다. 특히 그런 이중의 부담이 기업의 경영진에게 가해질 때는 기업의 경영이 매우 어려워지기도 한다. 셋째, 그런 부담은 형벌 이상으로 기본권을 제한하는 결과를 가져올 수 있다.

2. 권한분배의 필요성

이런 문제점은 수사와 심판의 기능이 '실질적으로' 조세당국과 사법당국으로 이분되어 있지만, 그 둘 사이의 권한배분과 절차적 통제에 관한 명확한 규율이 없음으로 인해 빚어진 것이라 할 수 있다. 따라서 우선 그런 권한분배에 관한 명확한 규율이 형성될 필요가 있다. 입법이 없는 상황에서는 법원칙에 의한 법규범의 형성이 요구된다. 조세당국과 사법당국 사이의 권한을 분배하는 규범의 형성을 이끌어 줄 수 있는 법원칙은 이중위험금지원칙이다. 그러나 우리나라에서는 아직 이중위험금지원칙이 헌법상의 원칙으로 인정하지 않는다. 헌법 제13조 제1항 단서는 이중처벌금지원칙(일사부재리원칙)으로 이해된다. 그러나 동조항의 문언은 이중위험금지원칙으로 이해하는 데 장애가 되지 않는다. 특히 조세범죄의 경우에는 더욱 그러하다. 설령 이중위험금지원칙을 정면으로 받아들이지 않아도 우리나라 헌법재판소가 즐겨 사용하는 비례성원칙(과잉금지원칙)에서 파생되는 수사비례원칙과 전속고발제도의 입법취지에 대한 재해석을 통해 이중위험금지원칙의 수용에 버금가는 결과를 얻어낼 수도 있다. 아래서는 이러한 세 가지 법원칙들에 의존해서 조세범죄의 통제에서 조세당국과 사법당국의 권한분배에 관한 규율을 만들기로 한다. 그리고 이는 단지 입법론이 아니라 현행법 해석론이기도 하다. 이 해석론은 조세범죄의 통제에 있어 헌법 제12조 제1항이 규정하는 적법절차의 내용이 될 수 있다.

II. 이중위험금지원칙

조세범에 대한 형사처벌을 제한하는 가장 중요한 원리는 이중위험금지원칙((Double jeopardy rule)이다. 즉 세무조사 또는 범칙조사 중에 있는 사건에 대한 수사는 이중위험금지원칙에 위배되는 것인지, 그리고 이 원칙은 헌법 제13조 후문 "모든 국민은 … 동일한 범죄에 대하여 거듭 처벌받지 아니한다"의 문언에 실현된 것인지가 문제된다.

1. 이중처벌의 금지

물론 헌법 제13조 제1항 후문을 어떻게 해석할 것인지는 논란이 될 수 있다. '문법적으로' 해석하면 중복적인 형사처벌의 금지를 의미하고, '역사적으로' 해석하면 일사부재리원칙을 의미하며, '목적론적으로' 해석하면 이중위험금지원칙을 의미한다.

(1) 이중형사처벌금지와 일사부재리

이중형사처벌금지로 보는 해석이 문법적 해석인 것은 "동일한 범죄," "처벌" 등의 개념에서 자명하게 이해된다. 일사부재리원칙으로 보는 해석이 역사적 해석이라고 본 것은 일사부재리원칙이 특히 대륙법계의 근대형사소송법이 발전해온 역사 속에서 침전된 법치국가적 원칙이며, 그런 원칙이 헌법에 수용된 것이라고 볼 수 있기 때문이다.

해석방법	문법적 해석	역사적 해석	목적론적 해석
보호강도 (약 ↔ 강)	이중형사처벌금지	일사부재리원칙	이중위험금지원칙

가령 상해죄로 징역 6월의 형이 확정된 후 그 상해행위로 인해 피해자가 사망한 경우에 상해치사죄로 기소하고 1년 6월의 징역형을 선고하되, 상해죄로 선고받은 선고형량 6월을 빼고 징역 1년만을 선고한다면,[27] 이중처벌(double punishment)의 금

27) 이런 소송을 인정하는 것을 보충소송(Ergänzungsklage) 또는 수정소송(Berichtigungsklage)이라고 부른다. 이에 관해 자세히는 Achenbach,

지원칙에 위배되지는 않지만, 동일범죄, 즉 형사소송법상 동일한 사건을 심판한 것이므로 일사부재리(ne bis in idem)원칙에 위반한 것이 된다. 즉 일사부재리원칙에 의하면 검사는 기소를 해서는 안 되고, 법원은 면소판결(형사소송법 제326조 1호)로 절차를 종결해야 한다. 이런 예에서 이중처벌금지원칙보다 일사부재리원칙이 좀더 제재 받는 자를 두텁게 보호함을 알 수 있다.

하지만 일사부재리원칙도 동일 사건에 대한 형사재판의 중복을 차단할 뿐 형벌이 아닌 징벌적 성격의 제재(penalty), 예컨대 징벌적 손해배상과 같은 민사벌(civil penalty)이나 행정벌적 성격을 띤 과징금 등과 형벌은 동일범죄에 대해 따로 부과될 수 있다.

(2) 이중위험으로서 이중처벌

그러나 이런 제재에 대해서도 헌법 제13조 제1항 후문을 적용하는 해석이 동 조항을 영미법에서 발전한 이중위험(double jeopardy rule)의 금지원칙으로 해석하는 것이다. 이중위험금지원칙에 의하면 과징금이나 징벌적 손해배상 또는 범칙금을 부과하면서 형벌을 따로 부과하는 것은 금지될 수 있다. 이 제재들은 형벌대체적인 제재가 된다. 헌법 제13조 제1항 후문을 이중위험금지원칙으로 해석하는 것은 생활세계에서 시민들의 법인식이나 자유향유의 최대화라는 목적에 이바지한다는 점에서 '목적론적 해석'이라 할 수 있다. 시민의 자유이익을 가장 두텁게 보호한다. 사실 시민들은 일상생활에서 무엇이 형법적 의미

"Strafprozessuale Ergänzungsklage und materielle Rechtskraft," *ZStW* 87, 74쪽.

의 "범죄"인지를 법률가들처럼 정밀하게 알 수 없다. 그러나 현대사회에서 사회적 일탈행위 가운데 범죄화의 문턱을 넘어서는 행위가 무엇인지는 개인의 실천이성적 판단을 넘어서는 고도의 정책적인 사항이 되기도 한다. 또한 특히 민형사책임의식이 미분화된 한국인의 법의식에서는 징벌적 손해배상이나 과징금 기타 범칙금을 부과 받는 것에 대해서도 일반인들은 "처벌"받았다는 생각을 갖기도 한다. 이런 점에서도 이중위험금지원칙으로 해석하는 것은 시민들의 생활세계를 보호하는 기획을 좇는 것임을 알 수 있다.

(가) 판례의 입장 그러나 판례는 세무공무원의 통고처분으로 범칙금을 납부하였다 하더라도 특가법상 조세포탈죄로는 다시 처벌할 수 있고, 일사부재리(ne bis in idem)의 원칙이 적용되지 아니한다고 본다. 이렇게 일사부재리원칙이 적용되지 않는다고 본 것은, 동일한 범죄(형사소송상 동일한 사건)가 아니기 때문이 아니라, 범칙조사절차와 형사소송절차는 같은 심판(즉 '再理')이 아니라고 보기 때문이다.

> "특정범죄가중처벌 등에 관한 법률 제16조에 의하면 위 법 제8조에 해당하는 조세범칙사건에 대한 공소에는 고발을 요하지 아니한다고 규정하고 있어 이 사건에는 세무공무원의 고발이 필요 없다고 할 것이며, 또 위 법 제8조 위반의 조세포탈죄에 대하여는 세무공무원이 통고처분을 할 권한이 없으므로 피고인이 세무공무원의 통고처분으로 범칙금을 납부하였다 하여도 이는 이 사건 특정범죄가중처벌 등에 관한 법률위반(조세포탈죄)의 처단에 영향을 미칠 수 없으니 여기에 일사부재리의 원칙이 적용될 수 없다(대판 1988.11.8, 87도1059)."

(나) 이중위험의 의미확장 이에 반해 이중위험금지원칙에 의하면 세무조사를 거쳐 범칙조사에 의해 통고처분을 받고 범칙금을 납부하였다면 그와 별도로 조세포탈죄로 형사처벌하는 것은 거듭 처벌(penalty)하는 셈이 된다. 미국 연방헌법 제5조에 규정되어 있는 이중위험금지원칙은 "동일한 범죄행위에 대해 피의자가 생명과 신체의 위험에 두 번 놓이지 않도록 하는" (prohibits placing a person twice in jeopardy of life of limb for the same offense) 원칙이다. 그런데 이때의 위험은 미국에서도 과거에는 좁은 의미의 형사처벌만으로 의미하는 것으로 이해되어왔지만 United States v. Hapler 판례[28]에서 보듯 처벌의 의미가 넓게 해석되고 있다.

[민사금전벌의 형사처벌적 성격과 이중위험금지원칙의 적용] 이런 관점은 미국의 다음과 같은 판례에서도 찾아볼 수 있다: 메디케어의 환자를 위해 임상병리서비스를 제공하는 업체의 매니저인 Irwin Halper는 메디케어 중개회사인 Blue Cross사에게 보험수가가 3달러인 서비스에 대해 12불을 65차례 청구하고 지급을 받음으로써 연방정부가 총 585달러의 손해를 입게 하였다. Halper는 허위의 보험청구로 기소되어 징역 2년과 5천 달러의 벌금을 선고받았다. 이후 정부는 민사상 허위청구금지법(the False Claim Act)에 의거 Halper에게 연방정부의 실손해(과다지급된 보험수가 + 민사소송비용 등)의 2배에 달하는 2000달러에다 범죄횟수 65회를 곱한 13만달러의 민사벌에 처해질 수 있게 되었다. 이에 대하여 연방대법원은 '민사금전벌(civil penalty)이 형벌에 내재된 목표인 징벌과 억제의 목적을 달성하려는 경우에 그 민사금전벌은 형사처벌(punishment)이 되는 것이며, 따라서 징역형과 벌금형 이외에 13만달러의 민사배상은 다중처벌(multiful punishment)로서 이중위험금

28) United States v. Halper 660 F, Supp. 531,534(1987).

> 지조항(Double Jeopardy Clause)에 위배된다'고 판시하였다.[29] 물론 미국의 판례는 1997년 Hudson v. United States 사건에서는 모든 민사금전벌이 예방효과가 있는 것이어서 Halper사건의 입장을 비판하고 대부분의 민사금전벌은 이중위험금지원칙에 위배되지 않는다는 입장으로 바뀌었다.[30]

즉 형사처벌이 아니더라도, 예컨대 민사제재(징벌적 손해배상)까지도 오로지 보상적(solely remedial, i.e., entirely non-deterrent)이지 않는 한,[31] 그러니까 비형사적 제재[32]도 일정한 정도로 보복적(retributive)이거나 억지력(deterrent)을 가지고 있다면 이중위험금지원칙이 적용된다는 것이다.

> **[이중위험 개념 확장의 구체적인 예]** ① 이와 같은 이중위험의 의미확장은 중간법(middle law)의 제재에 속하는 과징금, 징벌적 손해배상, 원상회복에까지 미쳐야 된다. ② 이에 반해 이중위험의 개념은 과태료나 다양한 종류의 제재금, 또는 직업금지처분(예: 면허정지, 취업금지) 등에까지 확장되지는 않는다. 예컨대 미국 연방대법원도 부정대출을 이유로 행정기관으로부터 제재금(monetary penalty)과 금융업 종사금지처분(occupational debarment)을 받은 사건에 대한 형사처벌은 이중위험금지원칙에 위배되지 않는다고 본다. 왜냐하면 이 경우에 이중위험금지원칙을 적용한다면 은행과 같은 분야에서 국가의 효율적인 규제 능력이 현저히 저하되기 때

29) United States v. Halper 490 U.S. 435 (1989) 참조.

30) 이런 미국 판례의 변화에 대해 자세한 연구로는 김용재, "미국 판례법상 민사금전벌과 이중처벌금지의 원칙에 관한 연구," 『고려법학』(제51호, 2008), 485~523쪽 참조.

31) Hudson v. United States, 522 U. S. 93, 102 (1997).

32) Department of Revenue of Mont. v. Kurth Ranch, 511 U. S. 767, 777, n.14 (1994); United States v. Ursery, 518 U. S. 267, 284-285, n.2 (1996).

문이라고 한다.[33] 또한 유럽연합의 이사회규칙 제17호(Council Regulation No.17) 제15조에 의하여 집행위원회(Commission)는 EU 경쟁법의 법원(法源)인 EEC 설립조약 제81조, 제82조의 위반행위에 대하여 '제재금'(fine)을 부과할 수 있는데, 동조 제4항은 그러한 제재금 부과처분이 형사처벌이 아님을 분명히 규정함("Decisions taken pursuant to paragraph 1 and 2 shall not be of a criminal law nature")으로써 형사처벌이 별도로 부과될 수 있게 하고 있다. 제재금은 프랑스에서도 이중처벌에 해당하지 않는다. 프랑스 헌법평의회도 경쟁평의회(Conseil Constitutionnel)가 반경쟁적 행위에 대해 부과하는 제재금(sanction pecuniaire)[34]을 형벌과 병과될 수 있는 제재로 본다. 다만 병과할 경우에는 비례의 원칙과 형평의 요구에 적합해야 한다는 제한을 둔다.

헌법 제13조 제1항 후문의 "거듭 처벌되지 아니한다"는 미국 연방헌법상의 이중위험금지원칙과 문언이 완전히 같은 것은 아니지만 — 그래서 설령 대한민국 헌법이 이중위험금지원칙을 명문으로 채택한 것은 아니라고 보더라도 — '처벌' 개념은 미국의 이중위험금지원칙의 법리처럼 보복적, 징벌적, 억제목적적 성격을 지닌 제재를 포괄하는 것으로 해석되어야 한다. 따라서 특가법 제16조가 '세무당국의 고발 없이 공소를 제기할 수 있다'고 규정한다고 해서 통고처분을 받고 또 다시 형벌을 받는 것이 헌법에 위반되지 않는다고 보아서는 안 된다.

---

33) Hudson v. United States, 522 U. S. 93, 105 (1997) 참조.

34) 이 제재금의 부과는 재량으로 되어 있는 점, 부과액의 기준을 정액 또는 매출액으로 하고 있는 점(그 상한은 매출액의 10%로서 우리보다 더 높다), 위반사실의 경중, 경제에 미친 손해의 중대성, 피해를 입은 기업이나 단체의 상태에 비례하여 제재금액을 산정토록 규정하고 있는 점 등에서 우리나라 공정거래법상의 과징금과 매우 유사하다.

2. 이중소추의 금지

(1) 이중소추의 금지

그런데 미국의 이중위험금지원칙은 단지 거듭 처벌되는 것만을 금지하는 것이 아니라 '피의자는 동일한 범죄에 대해서 두 번 기소당하지 않고 동일한 범죄에 대해서 이중처벌을 받지 않아야 한다'[35]는 것을 의미한다. 공소제기만으로도 이중위험금지원칙에 반한다는 것은 이중위험금지원칙이 절차법적 차원을 갖고 있음을 알 수 있다.

(가) 조세범죄사건의 이중소추금지원칙 그런데 우리나라 조세범처벌절차법 제11조는 "범칙자가 통고대로 이행한 때에는 동일한 사건에 대하여 소추를 받지 아니한다"고 규정한다. 이는 헌법 제13조 제1항 후문을 이중위험금지원칙에 가깝게 해석한 입법이라 할 수 있다. 왜냐하면 '소추 받지 아니한다는 것'은 이중형사'처벌'이나 이중의 '심판'(일사부재리의 '再理')에 가기에 앞서 공소제기부터 금지하는 것이기 때문이다. 다시 말해 조세범처벌절차법은 범칙자가 통고처분을 이행하면 이중소추의 금지를 규정한다. 따라서 예컨대 범칙사실이 인정되어 통고처분을 받고 벌금을 납부하면 검사는 소추해서는 안 되며, 만일 소추하면 그것은 공소권의 남용이 된다. 검사가 소추하게 되면 법원은 일사부재리원칙을 적용하여 면소판결(제326조 1호)을 하기

35) Andrew Z. Glickman, "Civil sanctions and the double jeopardy clause: applying the multiple punishment doctrine to parallel proceedings after United states v. Halper," *Virginia Law Review* (Vol.76, No.6, Sep. 1990), 1251~1285쪽 참조.

보다는, 이중위험금지원칙을 적용하여 공소기각판결(제327조 2호)을 해야 하는 것이다.

(나) 헌법구체화규범과 입법재량규범 또한 조세범처벌절차법 제11조는 헌법 제13조 제1항 후문을 구체화하는 규범으로서 헌법상 적법절차원칙을 구성하는 해석이다. 바로 이 점에서 다른 법률의 규범과 충돌할 때 해석상 우선적인 효력을 가져야 한다. 예컨대 포탈세액이 특가법상 조세포탈죄가 적용될 규모여서 고발 없이 검사가 소추할 수 있게 하는 법률규정(특가법 제16조)의 제정여부는 입법자가 '정책적으로 선택'할 수 있는 재량사항이다. 즉 특가법 제16조는 입법자의 입법재량영역 안에서 제정된 규범이다. 이에 반해 조세범처벌절차법 제11조는 헌법 제13조 제1항 후문의 규범영역(Normbereich)에 직접 속하는 규범으로 제정된 규범이다. 이 규범은 헌법해석의 논란에는 휩쓸려 들 수 있는 것이지만, 의회의 입법자들이 정책적 선택의 사항에서는 벗어난 규범이다. 다시 말해 특가법 제16조는 입법재량영역에 들어가 있고, 조세범처벌절차법 제11조는 헌법의 규범영역에 들어가 있는 것이다. 앞의 규정을 입법재량규범이라고 부른다면, 뒤의 규정은 헌법구체화규범이라고 부를 수 있다. 사법기관은 법률해석에서 이런 두 종류의 규범이 충돌할 때에는 뒤의 규범을 우선하는 해석을 하여야 한다. 이는 법해석의 정합성(Coherance)원칙[36]이 요청하는 바이다.

36) 이에 관해서 자세히는 이상돈, 『기초법학』 (법문사, 2008), 63~67쪽 참조.

(2) 특가법상 조세포탈범에 대한 통고처분과 이중소추금지원칙

이와 같은 이중소추금지원칙은 특가법상 조세포탈범죄에 대해 범칙처분으로서 통고처분이 내려지고, 이를 이행한 경우에도 적용되는지가 문제될 수 있다.

(가) 판례의 입장 판례는 그와 같은 '통고처분이 중대하고 명백한 하자 있는 무효의 처분이라고 본다'는 점에서 그리고 통고처분과 형벌 사이에 일사부재리원칙을 적용하지 않는다. 따라서 판례는 조세범처벌법 제11조의 이중소추금지원칙을 적용하지 않을 것으로 추측된다.

> "조세포탈의 가중처벌을 규정한 특정범죄가중처벌 등에 관한 법률 제8조에는 법정형으로 무기 또는 3년 이상의 유기징역형만이 있고 그 제16조는 이와 같은 특정범죄가중처벌 등에 관한 법률위반에 해당하는 조세범칙사건에 대하여는 고발을 요하지 아니한다고 규정하고 있어 동법 제8조 위반의 조세포탈죄에 대하여는 국세청장, 지방국세청장 또는 세무서장은 통고처분을 할 권한이 없으므로 동 조세포탈의 죄에 대하여 세무서장이 통고처분을 하였다면 이는 중대하고 명백한 하자 있는 무효의 처분이므로 피고인이 그러한 통고처분을 받고서 이를 이행하였다 하더라도 아무런 효력이 없다."37)

ㄱ) 헌법의 법치국가조항보다 우위의 입법재량규범 그러나 이런 (추론되는 판례의) 입장은 앞서 설명한 헌법구체화규범보다 입법재량규범을 효력상 우위에 둠으로써 의회입법자들의 정책적 결정을 헌법제정권자의 법치국가기획보다 앞세우는 헌법위반적 법률해석이며, 법이론적으로는 법해석의 정합성을

37) 대판 1982.11.23, 81도1737.

깨뜨리는 해석이다.

ㄴ) 생략적 추론의 하자 또한 전속고발사건이 아니면 통고처분이 무효라는 해석, 그래서 이중소추금지원칙을 적용할 대상이 없다는 결론은 법이론적인 용어로는 '생략적 추론'(enthymene)에 해당한다. 전속고발사건이 아니라는 점(특가법 제16조)은 검사에게 소추권이 있다는 것(또는 소추권행사장애요소가 없다는 것)을 말할 뿐, 통고처분이 무효라는 결론에 이르기까지 너무 많은 전제들이 생략되어 있다. 가장 중요한 추론의 고리로서 전속고발권이 없는 특가법상 조세포탈죄에 대한 고발의무에서부터 통고처분의 무효화 및 이중소추금지의 부적용 사이에 다양한 연결점들이 존재한다. 예컨대 ① 절차법 제9조 제3항(및 제2항 "고발하여야 한다")을 훈시규정으로 보지 않아야 하며 ② 효력규정으로 보더라도 반드시 임의규정이 아니라 강행규정으로 보아야 하며, 또한 그 의무의 위반은 취소사유가 아니라 무효사유로만 보아야 할 정도의 하자가 되는 이유가 있어야 하며, ③ 또는 무효사유라고 보더라도 이는 통고처분의 '부존재'와 구별될 수 있고, 이중소추금지원칙이 왜 비록 무효이거나 취소할 수 있을지라도 일단 형식적으로 성립·존재하는 경우에는 적용될 수 없는지가 논증되어야 한다. 그러나 이 세 가지 생략된 전제들을 근거짓는 일은 쉽지 않다.

(나) 이중소추금지원칙의 관철 이중소추금지원칙을 규정한 조세범처벌절차법 제11조는 헌법 제13조 제1항 후문의 일사부재리를 확장하는 '헌법구체화규범'으로서 '입법재량규범'인 특가법 제16조보다 우선되어야 한다. 게다가 범칙자가 통고처분을 이행하였다면, 그것은 일단 형식적으로 성립한 통고처분의 법

적 유효성을 전제로 더 이상 거듭 소추되지 않는다는 점에 대한 신뢰를 가졌다고 볼 수 있고, 그런 신뢰는 헌법적으로 보호할 가치가 있는 신뢰이다. 다시 말해 특가법상 조세포탈행위에 대해 통고처분을 내리고 범칙자가 이행하였다면 신뢰보호원칙과 이중소추금지원칙(이중위험금지원칙)에 의해 동일한 행위를 검사는 특가법위반으로 소추할 수 없다고 보아야 한다.

또한 이런 결론에서 거꾸로 보면 절차법 제9조 제3항은 훈시규정으로, 또는 효력규정이지만 강행규정이 아니라 임의규정으로 보는 것이 가장 적절하다는 추가적인 결론이 나오기도 한다. 물론 법효력상 훈시규정이나 임의규정으로 본다고 해서 세무당국이 자의적으로 고발 여부를 결정할 수 있음을 의미하지는 않는다. 전속고발사건과 특가법사건을 구별짓는 포탈세액 이외에 포탈세율, 조세징수에 대한 협조, 고발이 미치는 탈세자들에 대한 영향 등 다양한 요소를 고려하여 합리적으로 결정해야 한다.

3. 이중조사의 금지

이처럼 절차법 제11조는 이중위험금지원칙을 따른 입법이라면, 동 조항의 "소추를 받지 아니한다"에서 소추는 단지 공소제기만이 아니라 소추를 위한 수사까지 포함할 수 있다는 해석을 해볼 필요가 있다. 이중처벌의 위험은 그것을 위한 이중조사의 부담에 의해 더욱 증폭되고 실질화된다는 것이다. 이때 수사의 범위로는 검찰이나 경찰의 수사뿐만 아니라 행정수사(예: 범칙조사, 식약청공무원의 마약단속) 및 행정수사와 불가분의 관계에 놓이는 행정조사(예: 세무조사)까지 포함하는 것으로 보아야 한다.

(1) 행정수사의 유형에 따른 이중조사금지원칙 적용의 차별화

이런 이중조사금지원칙의 적용을 좀더 신중하게 검토하기 위해서 먼저 행정수사와 수사의 관계모델을 자세히 분석할 필요가 있다.

(가) 행정수사와 수사의 세 가지 관계모델　　이 관계모델은 다음 세 가지로 유형화해볼 수 있다.[38)]

ㄱ) 통합모델　　법률상 행정적 지도감독과 수사가 통합되어 있는 법제가 있다. 예컨대 근로기준법은 근로조건의 확보를 위한 책무를 수행하는 근로감독관에게 지도·감독과 조사권한을 부여하면서(법 제104조 내지 제105조), 그 법 위반의 죄에 대하여 사법경찰관의 직무권한을 부여한다(제105조 5항).[39)][40)] 이

38) 이하 세 가지 유형의 설명은 내가 2006년 대한의사협회·대한병원협회·대한약사회의 의뢰로 연구 보고한 『의료용 향정신성의약품 관리법제의 개선방안에 관한 연구』(2006), 132쪽에서 처음으로 분석 서술한 내용을 다소 보완한 것임을 밝혀둔다. 다만 여기서 '분업모델'은 앞의 보고서에서 '협조모델'로 이름 붙였던 것을 바꾼 것이다. 그 이유는 협조모델은 마치 행정조사 및 행정수사와 검·경의 수사가 동시에 진행되어도 좋을 것 같은 그릇된 인상을 주기 때문이다.

39) 사법경찰관리의직무를행할자와그직무범위에관한법률 제6조의2 1항도 같은 내용을 규정한다.

40) 이에 비해 사법경찰관리의직무를행할자와그직무범위에관한법률 제6조의2 제2항은 '지방노동청·지방노동사무소에 근무하며 근로감독·노사협력·산입안전, 근로여성 보호 등의 업무에 종사하는 8급·9급의 국가공무원 중 그 소속관서의 장의 추천에 의하여 그 근무지를 관할하는 지방검찰청검사장이 지명한 자는 제1항의 죄에 관하여 사

를 '신분적 · 기능적' 통합모델이라고 부를 수 있다. 근로감독관은 법률에 의해 당연히 특별사법경찰관이 되는 셈이다.

ㄴ) **분업모델** 행정적 지도 · 감독 및 조사와 수사가 비록 법률상 통합되어 있지는 않지만, 검찰과 협조체제를 구축함으로써 비로소 통합될 가능성이 주어져 있는 법제가 있다. 사법경찰관리의직무를행할자와그직무범위에관한법률 제5조는 행정조사나 행정수사를 하는 관서의 장이 제청하고 근무지 관할 지방검찰청검사장의 지명에 의해 일정한 소속공무원 등에게 사법경찰관리의 직무를 행할 수 있게 하는 것이다.[41] 예컨대 세관공무원은 소속 관서의 장의 제청에 의하여 지방검찰청검사장이 지명하면 (7급 이상의 공무원은) 사법경찰관 또는 (8, 9급의 공무원은) 사법경찰리의 직무를 수행한다. 이와 같은 특별사법경찰의 제도를, 신분적으로는 분리하되 기능적으로 역할을 배분하고 그 배분된 역할이 통합되어 수사의 효과를 발휘하게 된다는 의미에서, 분업모델이라고 부를 수 있다.

법경찰리의 직무를 행'할 수 있게 하고 있다. 근로감독관이 당연특별사법경찰관이라면 여기의 노동관련 국가공무원은 지명사법경찰리라고 부를 수 있다.

41) 사법경찰관리의직무를행할자와그직무범위에관한법률 제5조 (검사장의 지명에 의한 사법경찰관리): 다음 각 호에 규정된 자로서 그 소속 관서의 장의 제청에 의하여 그 근무지를 관할하는 지방검찰청검사장이 지명한 자 중 7급 이상의 국가공무원 또는 지방공무원 및 소방위 또는 지방소방위 이상의 소방공무원은 사법경찰관의 직무를, 8급 · 9급의 국가공무원 또는 지방공무원 및 소방장 또는 지방소방장 이하의 소방공무원은 사법경찰리의 직무를 수행한다. (1호~16호 생략). 17. 「관세법」에 따라 관세범(관세범)의 조사 업무에 종사하는 세관공무원 (18호~37호 생략).

ㄷ) 분리모델　　행정적 지도・감독 및 조사가 수사와 법률상 완전히 분리되어 있는 법제가 있다. 독점규제 및 공정거래에 관한 법률은 공정거래위원회의 소속공무원에게 행정적 감독・조사권한을 부여하지만(법 제50조 2항) 사법경찰의 직무를 부여하지는 않는다.[42] 수사는 비록 공정거래위원회의 조사결과를 활용(심지어 의존)하더라도 공식적으로는 일반 수사기관에 의해 이루어질 수밖에 없다.[43] 이런 제도를 '신분적・기능적' 분리모델이라고 부를 수 있다.

(나) 이중수사의 현실　　그런데 수사의 실무를 보면 행정수사와 별개로 수사기관이 수사를 전개하는 경우에 관해 어떤 기준도 서 있지 않다. 특히 내가 위에서 분류한 세 가지 유형이 이중수사여부에 관하여 어떠한 기준으로도 작용하지 않는다. 예컨대 같은 분업모델에 속하지만 식품위생법에 근거한 음식점단속에 대해서는 경찰이 따로 수사를 벌이지 않는 반면,

---

42) 사법경찰관리의직무를행할자와그직무범위에관한법률은 증권선물위원회의 조사공무원에게 사법경찰직무권한을 부여하는 규정을 두지 않는다.

43) 증권거래법상 단기매매금지 등(제188조), 내부자거래(제188조의2)나 주가조작(제188조의4)의 위반을 조사하는 증권선물위원회의 조사공무원도 조사권한은 있지만 수사권한은 없다(증권거래법 제206조의3 제7항). 다만 이 법은 조사가 실질적으로 형사소송법상 압수수색에 해당함을 전제로 법관이 발부한 영장을 요구하고(동조 8항) 형사소송법의 압수・수색 규정의 준용(동조 10항)함으로써 명실상부한 수사임을 분명히 한다. 그러나 이를 사법경찰작용이나 수사로 개념화하지 않는다. 검사의 공소제기는 이들 조사공무원의 활동에 실질적으로 의존할 것이지만, 어쨌든 공식적으로는 행정관청의 조사와 수사기관의 수사가 분리되어 있다는 점에서는 분리모델로 분류될 수 있다.

마약류단속에 대해서는 식약청의 단속과는 별개로 경찰이 특히 약국, 동네 신경정신과의원 등을 상대로 수사 활동을 펼친다. 조세범칙조사는 이들과 같은 분리모델에 속하는데, 경찰의 별도 수사는 식품위생법위반보다는 빈번하지만 마약류 관리에 관한 법률 위반보다는 덜 행해지는 것으로 보인다. 이는 경찰수사의 전문성 발전수준의 편차에 따른 결과가 아니라 경찰수사에 일어나는 부패(예: 업소단속시의 수뢰행위)의 정도와 상관성이 있는 것은 아닐까 하는 의문이 든다. 물론 정확한 이유는 좀 더 다각적인 원인분석이 필요하다. 또한 분리모델인 공정거래법 위반에 대한 독자적인 수사가 분업모델인 약사법이나 마약류 관리에 관한 법률 위반사건에 대한 수사보다 실무에서 빈도가 낮은 것은 전문성의 문제에서 비롯되는 것으로 보인다. 특히 공정거래법 위반의 키워드인 '실질적인 경쟁제한성'의 판단은 고도로 과학적이며, 광범위하게 경쟁정책적이기 때문이다.

(다) 이중수사금지의 이론 그러나 세 가지 관계모형과 이중수사금지원칙의 적용여부는 매우 중요한 상관관계를 이룬다. 행정수사와 수사와의 관계모형에 따른 이중조사금지의 적용범위에 관하여 아래 표와 같은 세 가지 방안을 생각해볼 수 있다.

예컨대 행정수사와 따로 독자적으로 행하는 검찰이나 경찰의 수사에 대한 금지를 행정수사와 신분적, 기능적으로 통합된 모델에 한정하거나(아래 표의 ①안), 신분적으로 분리되지만 기능적으로 통합되는 분업모델에까지 적용하거나(②안) 아니면 신분적, 기능적으로 분리된 모델까지 모두 적용하는 방안(③안)이다.

이론적으로 보면 분리모델에서는 공정거래위원회의 조사가 진행되는 동안에도 수사기관은 독자적으로 수사를 전개할 수

유형 ＼ 구체적인 예 ＼ 이중위험금지원칙 적용범위		① 안	② 안	③ 안
통합모델	근로기준법 위반에 대한 근로감독관의 조사	●	●	●
분업모델	마약류관리법위반에 대한 식약청 공무원의 단속·조세범칙조사	×	●	●
분리모델	공정거래법위반에 대한 선물위원회 공무원의 조사	×	×	●

있는 데 반해, 통합모델에서는 근로감독관의 조사가 사법경찰관으로서 수사를 동시에 겸하므로 수사기관은 독자적으로 수사를 전개해서는 안 된다. 앞의 경우는 이중수사가 아닌 반면, 뒤의 경우는 분명하게 이중수사가 되기 때문이다.

조세범죄의 행정수사가 속하는 분업모델은 이 두 유형 사이에 위치한다. 즉, 신분은 분리되어 있다는 점에서는 수사기관이 수사를 행정조사와 함께 동시에 전개할 수 있지만, 행정기관의 조사도 법적인 의미의 수사기능을 수행하므로 두 기관의 수사기능은 피조사자에게 이중조사의 부담을 주지 않기 위해 서로 유기적으로 통합되어야 한다는 점에서 수사기관이 수사를 행정조사와 함께 동시에 전개해서는 안 된다. 법적으로 이중수사가 아닌 통합모델의 경우를 제외하고는 이중수사금지원칙을 적용하는 것(②안)이 시민의 자유이익을 위해 그리고 헌법상 비례성원칙의 충실한 실현을 위해서도 타당하다.

(2) 세무조사·범칙조사에 대한 이중조사금지의 적용

이처럼 행정수사와 수사의 이중수사에 관한 실시여부가 자의적인 상황에서 특히 세무조사나 범칙조사와 같은 행정조사나 행정수사(adminstrative investigation)에 대해서는 이중위험금지원칙이 적용되어야 한다. 이렇게 보는 이유는 조세형법의 취약한 도덕적 구조 그리고 다른 행정조사나 행정수사에 비해 세무조사나 범칙조사의 절차가 처벌에 못지않게 개인의 기본권을 제한하는 효과가 크기 때문이다. 예컨대 기업이 국세청의 세무조사를 받으면 나중에 추징되는 세금이나 가산세보다도 더 큰 손실이 세무조사로 인한 기업활동의 (심리적) 위축으로부터 발생할 수 있다. 또한 범칙조사를 위해 기업의 사무실이 압수·수색을 받으면 (특히 성장적인) 기업활동은 사실상 멈추기도 하며, 여기에 더하여 만일 경찰이 동일한 사건에 대하여 독자적으로 (특가법상의) 조세포탈로 수사를 하면 그 기업의 사회적 이미지 등이 악화되면서 그 기업은 그간에 해온 사업활동마저 적지 않은 부정적 영향을 받을 수 있다. 그뿐만 아니라 세무조사나 범칙조사와 수사를 동시에 받게 되면, 이중으로 방어를 해야 하는 부담을 지게 되므로 피조사자(피의자)는 국가기관의 제재(가산세, 통고처분, 형벌)에 대한 방어권을 충분히 행사할 수가 없다.

여기서 이중위험금지원칙의 절차법적 차원을 최대한 실현한다면, 그것은 동일한 범죄에 대한 이중의 수사, 이중의 소추, 이중의 심판을 금지하는 원칙이 됨을 알 수 있다. 이로써 이중위험금지원칙은 아래 표와 같은 하부원칙(이중처벌금지, 이중소추금지, 이중조사금지)을 인정할 때 비로소 완전하게 실현될 수 있게 된다.

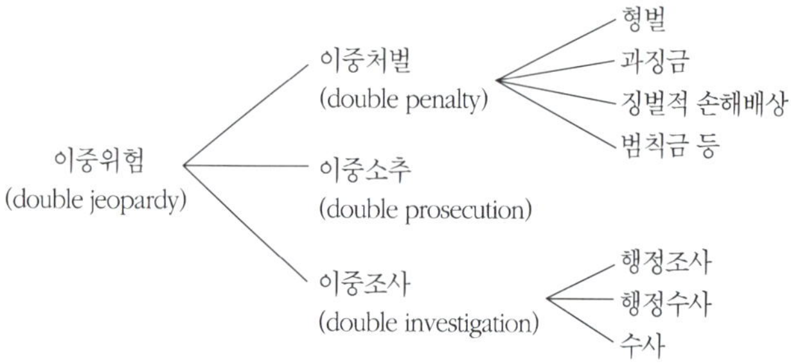

따라서 수사기관이 조세범칙조사와 동시에 따로 수사를 전개하는 것은 하나의 사건에 대하여 두 개의 제재절차(실질적으로는 형사절차)에 휘말리는 것이 된다.

III. 수사비례원칙

이중위험금지원칙을 특가법상 조세포탈사건의 수사에 대해 적용하지 않는다면, 다른 수사제한원칙이 검토되어야 한다. 그것은 수사비례원칙이다. 물론 이런 제한은 전속고발사건에서 고발가능성이 있는 경우에도 역시 존중되어야 한다. 수사비례원칙은 수사의 목적달성과 수사(방법)에 의한 기본권침해 사이의 균형성을 요구한다.

1. 범죄인지권의 남용과 통제

(1) 실질적 수사로서의 세무조사

먼저 범칙조사는 실질적으로 수사임을 인정할 필요가 있다.

범칙조사는 단순한 행정조사가 아니라 행정적 '수사'이다. 범칙조사를 행하는 세무공무원은 신분적으로는 사법경찰관리가 아니다. 사법경찰관리의 직무를 행할 자와 그 직무범위에 관한 법률에서 규정하고 있지는 않다. 하지만 조세범처벌절차법시행령 제1조[44]에서 세무관서의 장이 제청하고 검찰총장 또는 지방검찰청장의 지명을 받아 사법경찰관리의 역할을 실질적으로 수행한다. 예컨대 세무공무원은 범칙조사로서 영장에 의한 압수·수색의 강제수사를 사용할 수 있다. 또한 범칙조사의 결론은 벌금(범칙금)이라는 형벌의 부과여부를 결정짓는다. 물론 범칙조사와 달리 세무조사는 법제도상으로는 수사가 아니라 행정조사일 뿐이다. 그러나 세무조사와 범칙조사가 동일한 공무원에 의해 행하여지고, 그 조사의 실질이 거의 같은 것이고, 세무조사의 결과를 토대로 통고처분을 할지 여부가 사실상 결정된다는 점에서 세무조사는 잠재적인 범칙조사의 성격을 동시에 갖는 것이며, 따라서 잠재적으로 실질적 수사의 성격을 갖는다고 볼 수 있다.

(2) 범죄인지권남용금지

이렇듯 세무공무원의 조사가 실질적인 수사가 된다면 수사

44) 조세범처벌절차법시행령 제1조 조세범처벌절차법에서 세무공무원이라 함은 세무에 종사하는 공무원으로서 다음 각 호의 1에 해당하는 자를 제외한 일반직공무원 중 지방국세청과 세무서에 있어서는 소속 지방국세청장의 제청에 의하여 그 근무지를 관할하는 지방검찰청 검사장의, 국세청에 있어서는 국세청장의 제청에 의하여 검찰총장의 지명을 받은 자를 말한다. 1. 임시적 공무원 및 기한부 공무원 2. 조건부 채용기간중의 공무원.

기관이 세무조사가 진행 중에 동일한 사건을 입건하여 수사를 전개한다면 이중수사가 되기 쉽다. 이중수사는 '범죄인지권남용금지'[45]라는 수사비례원칙에 대한 위반을 가져올 수 있다. 즉 세무조사 중인 사건에 대한 수사기관의 독자적인 수사는 이중수사가 되고, 이는 수사의 균형성이라는 수사비례원칙에 위반하게 된다. 범죄인지권남용금지의 완벽한 실현을 위해서는 ① 수사기관이 조세포탈죄의 단서를 인지한 경우에 원칙적으로 세무관서로 사건을 이첩하고, ② 이미 세무당국이 조사 중에 있는 경우에는 그 조사가 끝나 통고처분 또는 고발여부의 결정이 날 때까지 수사를 개시하지 않아야 한다. 이는 마치 경찰이 수사 중일 때 동시에 검사가 ─ 이따금 체크하는 방식으로 수사지휘를 할 수는 있어도 그리고 검경합동수사본부를 설치・운영하지 않는 한 ─ 별도로 동시에 수사를 하지 않는 업무관행에 상응한다.

(3) 범죄인지권을 제한하는 자유우선(in dubio pro libertate) 원칙

(가) 고발가능성 하의 수사 　그런데 판례는 아직 이와 같은 엄격한 의미의 수사비례원칙을 인정하지 않는 듯하다. 즉, 세무조사 또는 범칙조사 중인 사건에 대하여 수사기관이 수사를 별도로 진행할 수 있는지에 관해 판례는 전속고발사건에서도 세무당국의 "고발가능성이 없는 상태 하에서 행해졌다는 등의 특단의 사정이 없는 한,"[46] 수사를, 그것도 강제수사까지도 할 수 있다고 본다.[47] 이는 고발이 소추조건인 경우에 그 소추

45) 범죄인지권의 개념과 그 남용에 대한 동세 논의로 백형구, 『현대수사법의 기본문제』, 1985, 103~104쪽 참조.

46) 대판 1995.2.24, 94도252.

조건이 아직 갖추어지지 않은 상태에서 수사를 개시하는 것이 허용되는가를 '소송조건의 부존재와 수사필요성의 인정여부'라는 관점에서 내린 결론일 뿐이다.

그러나 이런 고발가능성과 수사의 필요성 인정도 또 다른 비례성원칙의 차원을 가질 수 있다. 즉 세무당국의 고발가능성을 배제하는 특단의 사정이 부존재하는지가 불확실한 경우(in dubio)에도 수사를 개시할 수 있는 것인지는 판례에 의해 판단된 것이 아니다.

(나) 자진납부와 고발가능성의 불확실성 가령 경찰에 의해 조세포탈혐의를 받고 있지만 형법의 미수론에 의해 판단할 때 조세포탈죄의 기수가 성립한 이후에 피의자가 국세청에 세금을 자진납부한 경우에 국세청은 고발하지 않을 수 있다. 물론 세무실무에서는 자진납부한 경우에 고발하지 않을 개연성이 인정된다. 세무당국의 입장에서 자진납부에 대한 무분별한 고발은 탈세자들의 자진납부동기를 떨어뜨리고 그에 따라 조세징수기능을 오히려 약화시킬 수 있다고 보기 때문이다. 독일 형법처럼 자의로 범행을 중지하면 형을 반드시 면제하게 하거나[48] 우리나라 형법처럼 중지미수범에게 형의 감경뿐만 아니라 형의 면제 가능성을 열어놓음(형법 제26조)으로써 불법의 세계에서 합법의 세계로 되돌아오게 하는 '황금의 다리'를 만드는 정책적

---

47) 대판 1995.3.10, 94도3373.

48) 독일 형법에서 중지미수(Rücktritt)는 형을 면제시키고 있는데(StGB §24), 이는 범죄에 착수했다가도 합법의 세계로 되돌아오게 유도하는 황금의 다리를 놓아주는 것이라 할 수 있다. 중시미수에 관해 자세히는 이상돈, "중지미수에서 자의성의 기호론적 재구성," 『저스티스』 (제33권 제1호, 2000), 111~136쪽 참조.

고려는 조세당국의 세무조사 및 범칙조사에서 더욱더 중요하다. 하지만 자진 납부하였다고 해서 고발하지 않을 확실성까지 보장되는 것은 아니다. 자진납부 이외에 다양한 정황을 참작하고 또한 조세행정 정책적 고려도 하기 때문이다. 어쨌든 조세포탈죄가 성립하였지만 자진 납부한 경우에 수사기관의 입장에서는 세무당국의 고발가능성을 배제하는 특단의 사정이 있는지가 확실하지는 않다고 말할 수 있다.

(다) 자유우선원칙의 적용　　바로 이처럼 고발가능성을 배제하는 특단의 사정의 부존재가 불확실한 경우에 같은 조세사건에 대한 수사는 개시되어서는 안 된다. 그와 같은 수사의 개시는 범죄인지권을 남용한 것이 된다. 이런 결론은 의심스러울 땐 시민의 자유 이익으로(in dubio pro libertate) 원칙을 적용한 결과이다. 이 원칙은 비례성원칙을 구현하는 하부원칙이며, 수사비례원칙의 내용을 형성하는 것이라고 볼 수 있다.

2. 조세수사방법의 비례성

이처럼 수사에 대해 이중위험금지원칙을 완전하게 적용하지 않는다면 수사는 개시할 수 있다. 하지만 이 경우에도 피의자의 이중방어부담과 과도한 기본권제한을 고려하여 제한적인 수사활동만을 해야 한다. 이는 이중위험금지의 취지를 고려하는 것이기도 하다.

(1) 임의수사원칙

(가) 피의자신문을 제외한 임의수사　　판례와 같이 고발가

능성이 없다는 특단의 사정이 없다 하여 수사가 허용된다고 하더라도 조세범죄는 비폭력범죄[49]일 뿐만 아니라 조세범죄의 특수성 −예컨대 취약한 도덕적 기반이나 과세형평의 어려움, 선별적인 법집행, 도식적인 형사처벌의 조세정책적 합리성과의 충돌 등− 을 고려할 때 임의수사만을 허용하여야 한다. 또한 임의수사 가운데 피의자신문은 제외되어야 한다. 피의자신문은 이미 세무조사나 범칙조사를 받는 피의자의 입장에서 세무당국의 질문에 답하고, 범칙조사에서 피의자심문에 대처하면서 동시에 수사기관에게 피의자신문까지 받는 것은 방어권의 현저한 축소를 가져오기 때문이다.

(나) 예외적인 강제수사의 조건 그러므로 강제수사는 수사기관이 스스로 고발 전에 허용되는 범위의 수사(피의자신문 이외의 임의수사)만으로 ① 상당한(고도개연적인) 범죄혐의가 밝혀지고, ② 기타 양형요소를 종합적으로 고려하여 처벌필요성(Strafbedürftigkeit)이 클 것으로 예상되는 경우에 —검사의 수사절차에서는 공소제기가 고도개연적일 것으로 예측되는 경우에— 비로소 수사기관은 과세정보의 요구, (특가법상 조세포탈사건의 경우에 한정하여) 영장에 의한 강제수사를 할 수 있다고 보아야 한다.

(2) 목적구속원칙과 과세정보이용의 제한

조세사건의 수사는 과세정보를 이용함으로써 해결될 수 있

49) 친고죄에 대한 수사에서 비폭력범죄의 경우에는 단지 임의수사만이 허용된다는 견해로 배종대 · 이상돈 · 정승환, 『형사소송법』 (홍문사, 2008), 86쪽.

는 경우가 대부분이다. 그러나 세무조사나 범칙조사 중인 사건에 대해서는 과세정보의 이용도 제한된다. 다만 국세기본법 제81조의10 제1항 단서는 ① 지방자치단체의 조세의 부과·징수를 위하거나, ② 국가기관이 조세쟁송 또는 소추목적을 위하여 과세정보를 요구하는 경우, ③ 법원의 제출명령 또는 영장에 의하여 과세정보를 요구하는 경우, ④ 세무공무원 상호간 직무상 필요한 과세정보의 교환, ⑤ 다른 법률의 규정에 따라 과세정보를 요구하는 경우(제81조의10 제1항 단서 1~5호)에 정보보호의 예외를 인정하고 있다.

(가) 소추목적의 의미 여기서 첫째, "소추목적을 위하여 과세정보를 요구하는 경우"(제81조의10 제1항 2호)란 조세포탈을 수사하는 검찰이 요구하는 경우를 의미하고, 경찰이 요구하는 경우는 포함하지 않는다. 즉 "소추목적을 위하여"는 "소추기관이"로 해석되어야 한다. 경찰은 수사(보조)기관일 뿐이고 소추기관이 아니며, 경찰의 수사는 검찰의 수사처럼 소추여부를 결정하는 것이 아니라 입건(및 검찰송치)과 불입건을 결정하는 것을 목적으로 하기 때문이다. 이러한 해석은 공공기관의 개인정보보호에 관한 법률 제10조 제3항 6호("범죄의 수사와 공소의 제기 및 유지에 필요한 경우")에서도 수사와 공소의 개념을 분리하여 사용하고 있다는 점, 그리고 설령 소추목적이 수사와 공소의 제기 및 유지를 포괄하는 개념으로 보더라도 과세정보의 보호를 규정한 국세기본법 제81조의10 제1항은 과세정보라는 특수한 정보에 관하여 공공기관의 개인정보보호에 관한 법률보다 더 강하게 정보보호를 하는 법제로 이해될 수 있다는 점에 근거한다.

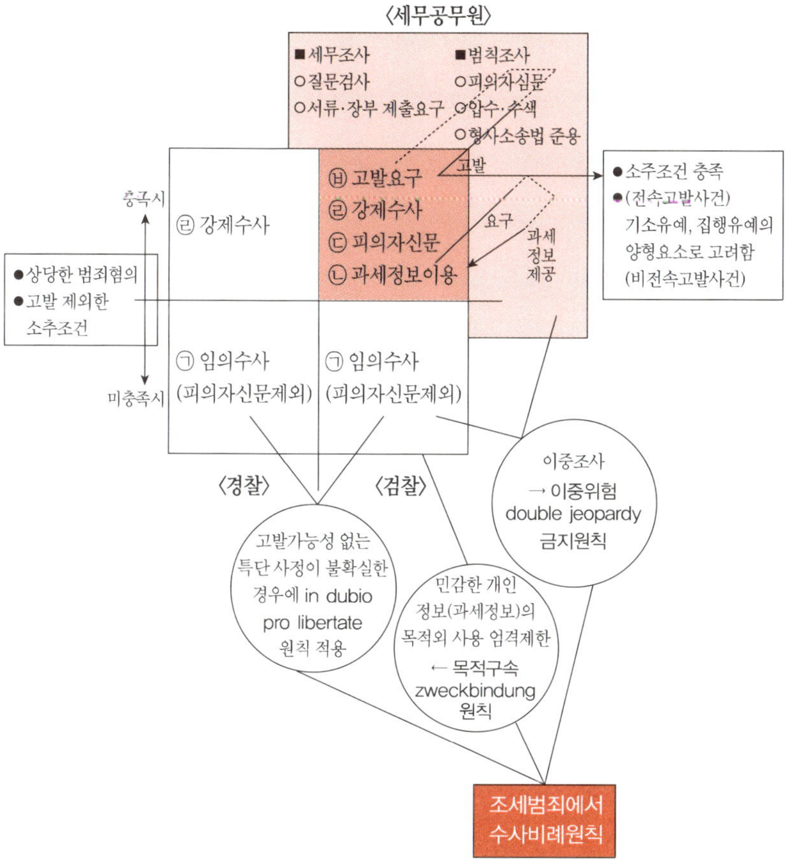

(나) 목적 외 사용의 엄격제한 　둘째, 그러나 검찰도 탈세혐의사건이 기소의 요건충족에 근접한 단계, 즉 조세포탈혐의의 개연성이 인정되고 기타 소추조건이 충족된 경우에만 납세자의 과세정보를 예외적으로 사용할 수 있다고 보아야 한다. 세무조사에서 획득되는 과세정보는 매우 민감한 개인정보이고, 그런 정보는 목적구속원칙(Zweckbindung)의 예외인정, 즉 목적 외

사용이 매우 제한되어야만 하기 때문이다. 이런 해석은 조세포탈죄혐의의 개연성이 인정되지 않는 상황에서 과세정보를 수사정보로 사용하는 것은, 공공기관의 개인정보보호에 관한 법률 제10조 제3항 단서가 예외적 허용사유가 있는 경우에도 목적 외 사용을 허용하지 않는 경우, 즉 "정보주체 또는 제3자의 권리와 이익을 부당하게 침해할 우려가 있다고 인정되는 때"에 해당한다는 해석에 의해 뒷받침된다.

(다) 과세정보의 보호수준과 영장주의 셋째, 만일 이와 같은 정보보호법적 원칙을 관철하지 않는다고 해도, 과세정보 제공에 대한 최소한의 제한은 영장주의로부터 나온다. 즉 세무조사는 영장주의가 적용되지 않는 절차이고, 여기서 획득한 정보를 수사기관이 아무 제한 없이 사용할 수 있다면, 사실상 영장주의가 형해화될 수 있다. 따라서 수사기관의 과세정보요구는 적어도 압수수색영장을 발부받을 수 있는 범죄혐의가 인정될 것을 전제로 할 때만 정당한 것이 된다. 이런 해석은 영장을 발부받을 조건이 충족되지 않은 수사상황에서 임의수사의 하나로서 형사소송법 제199조 제2항("수사에 관하여는 공무소 기타 공사단체에 조회하여 필요한 사항의 보고를 요구할 수 있다")의 일반적인 자료제출 요구규정에 의해서도 과세정보를 요구할 수 없다는 입장[50]으로 연장된다.

(라) 세무공무원의 비밀누설죄 넷째, 세무공무원이 이와 같은 기준에 의하지 않고 세무조사에 의해 획득한 과세정보를 수사기관에게 넘겨주는 행위는 공무상 비밀누설죄에 해당하여

---

50) 안대희, 『조세형사법』 (박영사, 2006), 812쪽.

처벌될 수 있다.

IV. 전속고발제도

[조세범처벌법 제6조 (고발〈신설 1994.12.22.〉)] 이 법의 규정에 의한 범칙행위는 국세청장, 지방국세청장, 세무서장 또는 세무에 종사하는 공무원의 고발을 기다려 논한다. 다만, 제12조의2 제2호 또는 제15조의 범칙행위에 대하여는 예외로 한다.<개정 1961.12.8, 1967.11.29, 1994.12.22.>

1. 전속고발권과 수사의 제한

전속고발은 단시 소추조건이나 소송조건을 구성하는 데 그치지 않고, 수사와 소추 그리고 심판의 전 과정을 제한하는 제도로 이해해야 한다. 조세당국이 전속고발권을 갖고 있다는 점은 조세범죄에 대하여 수사와 소추, 심판을 할 때 전속고발권의 의미를 충분히 고려하여야만 적법절차가 실현될 수 있음을 말해준다.

(1) 전속고발제의 의미

이렇게 보는 이유는 다음과 같은 점들 때문이다.

(가) 체계통합의 기제 첫째, 전속고발이란 조세체계와 사법체계의 체계통합을 수행하는[51] 기제이면서, 동시에 이중위험

---

51) 이에 관해서 앞의 [2].II.2.(3) 참조.

금지원칙을 실현하는 법제도이다.

(나) 수사의 권한과 책무의 기능적 분배 둘째, 세무조사공무원과 수사기관이 앞서 설명한 기능적 '분업모델'의 관계에 있는 경우, 즉 세무공무원은 신분상 사법경찰이 아니면서 수사기관과 수사기능을 나누어 수행하는 관계 속에 있는 경우에 전속고발은 수사의 권한과 책무를 실질적으로 분배하는 제도의 법적 결정체(結晶體)이다. 다시 말해 조세문제에 전문성이 있는 세무공무원이 조세범죄를 조사(행정수사)하고 있는 동안에는 수사기관은 원칙적으로 수사를 하지 않아야 한다. 세무공무원의 조사도 실질뿐만 아니라 법형식적으로도 검찰청장의 지명을 받음으로써 수사가 되기 때문이다. 또한 이는 전속고발제도의 체계통합적 기능, 즉 조세체계와 형사사법체계 사이의 균열과 갈등을 해소하는 체계통합의 차원에서 요구되는 것이기도 하다.

(다) 소추권과 심판권의 실질적 분배 셋째, 여기서 더 나아가 행정수사뿐만 아니라 통고처분과 같은 행정형벌을 부과할 권한까지 갖는 경우에 전속고발은 (통고처분을 이행한다는 조건에서) 검찰과는 소추권을 그리고 법원과는 심판권을 실질적으로 분배하는 제도의 법적 결정체이다.

(2) 고발가능성의 높낮이와 수사의 제한

이상의 점들을 고려해보면, 세무조사나 범칙조사가 진행중인 사건에 대해 임의수사나 예외적인 강제수사를 해도 수사비례원칙에 위배되지 않는 경우에도, 수사는 조세당국이 고발할 가능성의 높낮이에 따라 또 한번의 제한을 받을 수 있다.

(가) 임의수사의 경우 고발가능성이 없는 것은 아니지만

매우 낮은 경우, 예컨대 포탈세액도 적고, 자진납부하였으며, 세무조사에도 적극 협조하는 경우에는 임의수사마저 개시해서는 안 된다. 이에 비해 고발가능성이 낮지 않은 경우, 예컨대 포탈세액도 크고, 세무조사를 통해 탈세가 밝혀진 후 납부하였으며, 세무조사에도 비협조적인 경우에는 임의수사를 개시할 수 있다.

(나) 강제수사의 경우　　이러한 단계적 제한은 임의수사를 전개하여 상당한 범죄혐의가 밝혀져서 강제수사를 해도 수사비례원칙에 위배되지 않게 된 상황에서도 마찬가지로 타당하다. 즉 포탈세액이 적고, 자진납부하고, 조사에 협조함으로써 고발가능성이 매우 낮은 경우에는 포탈혐의가 상당하더라도 강제수사나 피의자신문으로 나아가서는 안 된다. 포탈세액도 크고, 세무당국에 의해 밝혀져 추징당했으며, 조사에도 비협조적이어서 고발가능성이 상당히 있을 경우에만 강제수사로 나아갈 수 있다.

판례는 고발에 앞서 수사를 하고 피고인에 대한 구속영장을 발부받고 나서야 조세당국이 고발하거나 검찰이 요청하여 고발이 이루어져도 공소제기의 절차는 적법하다고 본다.[52] 판례의 이 입장은 거꾸로 바뀌어야 한다. 임의수사로 포탈혐의가

52) 대판 1995.3.10, 94도3373: "조세범처벌법 제6조의 세무종사 공무원의 고발은 공소제기의 요건이고 수사개시의 요건은 아니므로 수사기관이 고발에 앞서 수사를 하고 피고인에 대한 구속영장을 발부받은 후 검찰의 요청에 따라 세무서장이 고발조치를 하였다고 하더라도 공소제기 전에 고발이 있은 이상 조세범처벌법 위반사건 피고인에 대한 공소제기의 절차가 법률의 규정에 위반하여 무효라고 할 수 없다."

상당한 정도로 밝혀지고, 고발가능성이 있는 경우에 비로소 피의자 구속 등의 강제수사를 할 수 있다고 보는 것이다.

(3) 비전속고발과 특가법상 조세포탈의 수사에 대한 제한

이렇게 볼 때 조세사건에 대한 수사기관의 수사는 세 가지 원칙에 의해 제한받는 셈이 된다. 이중위험금지원칙은 이중수사를 금지한다. 하지만 이런 원칙을 전부 수용하지 않는다 해도 수사비례원칙에 의해 세무조사 중인 사건에 대한 수사는 상당한 정도로 제한된다. 다시 말해 이중위험금지원칙은 수사비례원칙의 내용을 실질적으로 형성시켜주고, 수사비례원칙은 이중위험금지원칙을 실질적으로 실현시켜준다.

전속고발제도는 수사비례원칙에 의한 제한을 넘어서 그 제도의 취지로부터 수사에 대해 또 다른 제한을 가져온다. 이런 제한은 수사비례원칙이 이중위험금지원칙을 더욱 실현하게 만든다. 이런 점에서 전속고발제도는 간접적으로 이중위험금지원칙을 실현시킨다. 반면 이중위험금지원칙은 전속고발제도를 통해 통고처분제도와 결합되어 있는 경우에 범칙금에다 또 다시 형벌이 겹으로 부과되는 것을 막아주는 방파제를 쌓는다. 그렇기에 이중위험금지원칙은 전속고발제도를 지시한다고 할 수 있다.

이처럼 이중위험금지원칙과 수사비례원칙, 그리고 전속고발제도가 기능적으로 서로를 보완하면서 세무조사 중인 조세범죄사건에 대한 수사기관의 수사를 제한해준다. 바로 이런 점에서 전속고발사건이 아닌 특가법상의 조세포탈죄에 대해서도 위에서 설명한 전속고발제도의 취지에 따른 제한이 마찬가지로

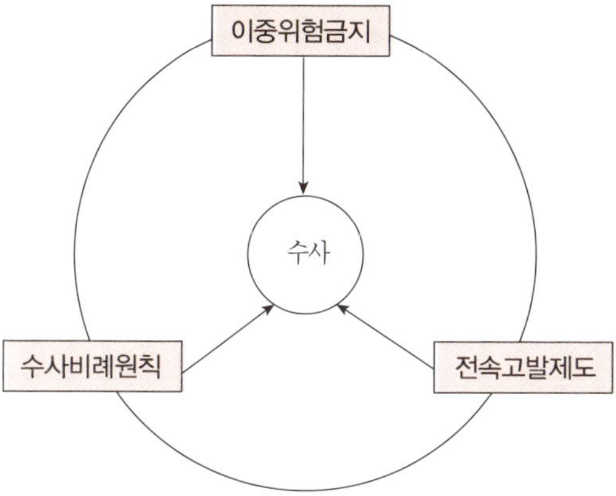

타당하게 된다. 전속고발제도의 취지에 따른 수사의 제한은 특가법상의 조세포탈죄사건에 대해서도 적용되는 이중위험금지원칙과 수사비례원칙과 기능적으로 함께 엮여 있기 때문이다.

2. 고발권 행사에서 판결불소급원칙과 신뢰보호원칙

(1) 합리적 조세정책으로서 고발결정

이와 같은 수사기관의 수사 개시와 강도를 제한하는 조세당국의 고발이라면 조세당국의 고발도 역시 자의적이어서는 안 된다. 그러나 어떤 사건에 대해 고발을 할 것인지를 결정하는 기준이 계량적인 객관성을 가질 수는 없다. 포탈세액의 규모, 포탈률, 포탈방법의 반가치적 수준(행위반가치), 포탈 후의 정황(예: 자진납부, 세무조사에 대한 협조여부), 고발의 일반예방적 효과나 조세납부동기에 미치는 영향 등 매우 다양한 요소들을 종합적으로 고려하고, 정책적으로 결정할 수밖에 없다. 고발여부는 합리적인 조세정책의 일환으로 결정되는 것이다. 합리적 조세정책적 결정의 내용을 법제화할 수는 없다. 그렇기에 법은 고발하지 않으면 합리적 조세정책이 되기 어렵다고 강하게 의심할 수 있는 사안에 대해 법문언상으로는 고발의무를 부여한다.

> [조세범처벌절차법 제9조] ① 국세청장·지방국세청장 또는 세무서장은 범칙사건의 조사에 의하여 범칙의 심증을 얻은 때에는 그 이유를 명시하여 벌금 또는 과료에 상당하는 금액, 몰수 또는 몰취에 해당하는 물품추징금에 상당하는 금액과 서류송달, 압수물건의 운반보관에 요하는 비용을 지정한 장소에 납부할 것을 통고하여야 한다. 단, 몰수 또는 몰취에 해당하는 물품에 대하여는 납부의 신립만을 할 것을 통고할 수 있다.<개정 1966.3.8.> ② 범칙자가 통고대로 이행할 자력이 없다고 인정되는 때에는 전항의 통고를 요하지 아니하고 즉시 고발하여야 한다. ③ 정상징역형에 처할 것으로 사료되는 때에도 또한 전항과 같다.

여기서 절차법 제9조 제3항은 고발여부에 관한 자의적 결정을 소극적으로 제한하는 일반조항으로 기능한다. 이 조항은 고발여부의 결정이 합리적 조세정책적 결정이 되도록 유도하는 규범프로그램으로서 해석되어야 한다. 그러므로 ① 첫째, 법문의 "정상징역형"이란 법정형을 가리키는 것이 아니라 선고형을 가리키는 것으로서 조세포탈죄의 혐의뿐만 아니라 모든 양형요소를 종합 고려하여 징역형이, 더 엄격하게 해석하면 '실형의 징역형'이 '선고'됨이 마땅한 사건에 대해서만 즉시 고발할 의무를 지닌다고 볼 수 있다. ② "고발하여야 한다"는 문언은 비록 훈시규정은 아니고 효력규정이지만, 강행규정은 아니고 단지 임의규정으로 이해되어야 한다. 강행규정으로 이해하려면 반드시 고발하고 법원에 의해 (실형의) 징역형이 선고되어야 할 조세포탈사건과 그렇지 않은 사건이 명확하게 구별되어야 하지만, 그럴 수가 없기 때문이다. ③ 또한 합리적 조세정책적 결정으로서 고발여부는 합리적 양형의 판단을 대신하는 것이기도 하다. 왜냐하면 "벌과금에 상당하는 금액"을 통고처분할 권한은 그 전제로서 '법원의 양형에 상낭하는' 판단을 힐 귄한을 의미할 수밖에 없기 때문이다.

(2) 고발에서 신뢰보호원칙과 불소급원칙

따라서 고발결정이 조세정책적 결정이긴 하지만 법치국가의 기본원칙들에 구속된 사법적 판단의 성격을 유지해야 한다. 그 가운데 특히 신뢰보호원칙과 (판결)불소급원칙은 존중되어야 한다.

> 가령 삼성특검사건[53] 이전에는 차명거래에 의한 상장주식양도세의 포탈행위에 대해 국세청은 탈루된 세금을 추징하고 가산세를 부과는 하였지만 고발을 하지 않았다고 하자. 삼성사건에서 특검은 K 변호사가 고발한 삼성비자금의 실체가 차명 상속주식의 양도세포탈이었음을 밝히고 국세청에 요구하여 고발장을 제출받아 공소제기하였다. 그리고 이 차명거래에 의한 상장주식양도세포탈은 법원에 의해 '처음으로'[54] 조세포탈죄로 유죄판결을 받았다고 하자. 사법부의 판단을 존중하려면 국세청은 이제 상장주식양도세포탈행위에 대하여, 적어도 상장주식양도세포탈죄가 위헌결정[55]을 받지 않는 한, 고발할 의무가 있다고 보아야 한다

53) 서울중앙지방법원 2008.7.16.선고, 2009고합366판결; 서울고등법원 2008.10.10.선고, 2008노1841판결.

54) 이 점은 분명하진 않지만 이하의 논의에서는 이렇게 가정하기로 하자.

55) 이 문제에 관해서는 아래 [5].II.2. 참조.

(가) 고발결정에서 판결불소급원칙 그러나 첫째, 그 판결에 의해 형성되는 구체적인 법규범—예컨대 '상속차명주식의 계좌분산 및 현금 입·출금 행위[56]는 상장주식양도세포탈행위(특가법 제8조, 소득세법 제94조 제1항 3호 가.목)에 해당한다'[57]는 판결불소급원칙에 의한다면[58] 그 판결 이전에 일어난 같은 유형의 행위에 대해서는 소급적으로 적용해서는 안 된다.

(나) 고발결정에서 신뢰보호원칙 둘째, 여기서 더 중요한 점은 설령 법원이 그와 같은 판결불소급원칙을 인정하지 않는다고해도 '행정기관'인 국세청으로서는 고발권을 행사함에 있어 판결불소급원칙을 존중해야 한다는 것이다. 즉, 판결 이전에 행해진 동일한 유형의 행위에 대하여 고발을 해서는 안 된다. 왜냐하면 만일 그 판결 이전에 같은 유형의 행위에 대하여 국세청이 고발을 하지 않았고, 특히 자진납부하면 고발하지 않을 것이라는 점에 대한 신뢰가 형성되어 있을 수 있고, 그런 신뢰는 행정기관으로서 보호할 의무가 있기 때문이다. 다시 말해 판결불소급원칙을 인정하지 않더라도 신뢰보호원칙(Vertrauensschutzprinzip)에 의하여 새롭게 구체적 범규범을 형성하는 판결 이전에 행해진 동일한 유형의 포탈행위에 대하여 고발을 해서는 안 된다. 셋째, 이로써 상속차명주식을 갖고 있는 상당수의 기업인들이 국세청의 조사로는 밝힐 수 없는 차명계좌를 스스로 드러내고

56) 이에 관해서 자세히는 [5].III.1.(2) 참조.

57) 판결에 의해서 형성되는 구체적 법규범이란 법률에 포섭되는 일정한 사안유형을 가리킨다. 이를 포섭사안(서술, Subsumtionsbeschreibung)이라고 부른다. 이에 관해 자세히는 이상돈, 『새로쓴 법이론』 (세창출판사, 2005), 49, 137, 225, 228, 281쪽.

58) 이에 관해서 자세히는 [5].III.3. 참조.

탈루된 세금을 자진 납부하는 유인효과도 거둘 수 있게 된다. 다시 말해 법치국가적 원칙을 지키면서 오히려 조세징수의 기능은 강화되는 것이다.

3. 고발결정에서 조세당국과 검찰의 관계모델

그러나 행정에 대한 시민의 신뢰를 보호해야 한다는 법치국가적 요청은 모든 형벌정의를 희생해도 무방할 정도로 무제한적인 것은 아니다. 여기서 고발권의 행사와 관련하여 조세당국과 검찰의 관계를 어떻게 설정해야 할지가 문제로 등장한다.

(1) 협동적 상호작용의 모델

조세당국의 전속고발권이 검찰의 소추권과 어떤 관계를 설정해야 하는지는 공정거래위원회의 전속고발권과 비교하면서 살펴볼 필요가 있다. 공정거래위원회의 조사는 단지 행정조사일 뿐이며, 따라서 수사와 기관적으로(신분적으로)뿐만 아니라 기능적으로도 분리되어 있다. 앞서 이를 분리모델이라고 불렀다. 바로 이 점에서 공정거래위원회와 수사기관 사이에 일정한 상호작용의 기제를 만들 필요성과 당위성이 등장한다. 독점규제 및 공정거래에 관한 법률 제71조는 상호작용의 기제를 다음과 같이 규정한다.

> **[독점규제 및 공정거래에 관한 법률 제71조 (고발)]** ① 제66조(벌칙) 및 제67조(벌칙)의 죄는 공정거래위원회의 고발이 있어야 공소를 제기할 수 있다.<개정 1996.12.30.> ② 공정거래위원회는 제66조

> 및 제67조의 죄 중 그 위반의 정도가 객관적으로 명백하고 중대하여 경쟁질서를 현저히 저해한다고 인정하는 경우에는 검찰총장에게 고발하여야 한다.<신설 1996.12.30.> ③ 검찰총장은 제2항의 규정에 의한 고발요건에 해당하는 사실이 있음을 공정거래위원회에 통보하여 고발을 요청할 수 있다.<신설 1996.12.30.> ④ 공정거래위원회는 공소가 제기된 후에는 고발을 취소하지 못한다.<신설 1996.12.30.>

즉 제1항은 공정거래위원회의 고발 없이는 검찰이 소추할 수 없게 하고(공정거래위원회의 검찰견제), 반면에 제4항은 일단 고발하여 기소할 수 있게 한 후에는 고발을 취소하지 못하며(검찰의 공정거래위원회 통제), 또한 제3항은 중대명백한 법위반사건에 대해서는 공정거래위원회에게 고발의무를 짊어지게 함(공정거래위원회의 전속고발권 남용을 통제함)으로써 공식적인 고발에 의해 검찰의 수사 및 공소권의 자의적인 불행사를 간접적으로 견제하게 한다. 이런 견제에 대해 제3항은 검찰이 공정거래위원회가 고발의무를 다하지 않을 것을 견제할 수 있도록 검찰에 다시금 고발을 요청할 수 있는 권한을 부여한다. 이와 같은 대칭적인 권한분배는 상호통제를 하게 함으로써 공정거래법위반사건에 대해 국가형벌권이 적정하게 행사될 수 있도록 한다. 즉 권한분배와 상호통제는 기능적으로는 형벌권의 적정실현을 목표달성을 위해 두 기관이 협동(적절한 권한행사와 상호견제)하는 결과를 가져온다. 이런 의미에서 '협동적 상호작용'의 모델이라고 부를 수 있다.

(2) 특가법상 조세포탈죄의 고발에서 협동적 상호작용

바로 이와 같은 협동적 상호작용의 모델은 특가법상 조세포탈죄에 대한 조세당국과 검찰 사이의 관계에 준용될 만하다.[59]

(가) 고발판단에 대한 검찰의 존중의무 특가법상 조세포탈죄에 해당하는 경우에도 조세당국이 고발하지 않으면 검찰은 법'형식'적으로는 소추할 수는 있지만, 조세당국의 판단을 존중할 의무를 부담한다.

ㄱ) 고발재량영역 이런 결론은 첫째, 조세범처벌절차법 제9조 제3항(및 제2항 "고발하여야 한다")을 비록 효력규정이긴 하지만 적어도 강행규정은 아니고 임의규정임을 전제한다. 임의규정의 공간은 법집행기관의 재량영역을 설정하고, 그 재량영역은 각 기관의 전문성을 실현하는 공간이 된다. 바로 이 공간 안에서 앞서[60] 설명한 정상통고처분이 행해질 수 있다.

ㄴ) 공소권남용의 능동적 회피 둘째, 검찰이 공소권 행사에서 조세당국의 고발여부에 대한 판단을 존중할 의무를 부담하는 것은 넓은 의미에서는 공소권의 남용을 능동적으로 피하기 위함이다.[61] 조세포탈혐의에 대한 공소권행사는, 복잡한

---

59) 그러나 범칙행위 가운데 전속고발제를 채택하지 않은 범칙행위들(조세범처벌법 제12조의2 제2호[납세증명표지위조변조] 또는 제15조[세무공무원직무범죄])에 대해서는 그 범죄의 성격상 이런 협동적 상호작용의 모델이 적용될 필요는 없다.

60) 앞의 [4].II.2.(3).(라). 참조.

61) 공소권남용이론은 이중위험금지원칙의 관점에서 재구성하는 이상돈, 『사례연습 형사소송법』 (법문사, 2004), 196~197쪽 참조. 이 재구성에서는 이중위험금지원칙이 (수개의 경합범으로 구성된) 동일사건

조세법체계와 조세일탈행위의 일상적인 빈발성 그리고 조세법 집행의 불균형성과 선별성 등의 현실에 직면하여 실질적인 과세형평성과 과세행정의 체계적 일관성을 추구하면서 이루어지는 조세일탈행위의 불법성에 대한 조세당국의 전문적 판단을 존중할 때에만 가장 적절할 수 있기 때문이다. 공소권행사에서 조세당국의 고발판단에 대한 검찰의 존중의무는 법문에 충실한 형법적 정의가 실질적으로는 조세정의에서 멀어지는 것을 방지하고, 조세체계와 사법체계 사이의 체계통합(Systemintegration)을 이룰 수 있게 하기 위함이다.

(나) 기소 후 고발취소금지 조세당국이 고발을 하고 그에 따라 검찰이 공소를 제기한 이후에는 더 이상 고발을 취소할 수 없다. 이때 고발의 취소는 전속고발사건에서 이루어지는 것이 아니므로 법적으로도 소송조건의 사후적 흠결(형사소송법 제327조 5호)을 가져오는 것은 아니다. 그러므로 여기서 고발을 취소할 수 없다는 것은 검찰이 공소취소(형사소송법 제255조 제1항)를 해야 할 의무나 법원이 공소기각판결을 해야 할 의무를 발생시키지 않는다는 것을 말한다.

(다) 중대명백사건의 예외 다음으로 조세포탈혐의가 중대하고 명백한 사건에 대해서는 조세당국이 고발할 의무를 지고, 검찰은 고발을 요청할 수 있는 권리를 누린다. 조세포탈이 중대하고 명백한데도 형사처벌하지 않는다면 조세질서뿐만 아니라 형법질서까지 현저하게 저해하기 때문이다.

ㄱ) 중대성 그런데 여기서 중대함은 단지 포탈세액

에 대한 동시소추의무를 근거짓는다고 본다.

이 특가법의 적용대상이 되는 5억원 이상인 경우를 의미한다고 해석되어서는 안 된다. 중대성은 포탈행위의 불법의 질과 정도에 대한 종합적인 판단으로서 중대한 조세포탈임을 뜻한다. 이런 판단에는 포탈세액의 규모뿐만 아니라, 포탈세율, 포탈의 수법(예: 장부의 적극적 위조), 포탈 후의 정황이나 동기, 포탈사의 포탈전과, 처벌이 납세자 일반의 준법의식에 미치는 효과 등 매우 다양한 요소가 고려된다. 그 가운데에서도 법의 형식논리로는 조세포탈죄의 기수가 성립하였어도 특히 납세자가 '자진하여' 신고 및 납부를 하고, 세무조사에 '적극' 협조함으로써 침해된 조세채권을 거의 보전한 경우에는 일반적으로 사건의 중대성이 부인되어야 한다. "정상징역형"[62](절차법 제9조 제3항)이란 개념은 범칙사건의 정상이 조세당국이 다양한 요소를 종합적으로 판단하여, 조세당국이 보기에 징역형의 처벌이 마땅한 경우를 가리킨다. 동 항이 "정상징역형"이라고 하지 않고 그냥 "징역형"이라고 규정하였다면 포탈세액의 규모만으로 판단하여 고발여부를 결정해야 한다는 해석이 더 설득력이 있을 수 있지만 정상징역형이란 문언으로 볼 때, 이런 해석이 더 설득력 있다.

ㄴ) 명백성 고발의무는 조세포탈혐의가 명백한 경우에만 인정된다. 여기서 명백성은 검사가 공소제기 하는 데 필요한 혐의의 정도인 (고도)개연성(Hochwahrscheinlichkeit)보다 한층 높은 수준, 즉 확실성의 수준을, 그러니까 법원이 유죄를 인정하는 데 필요한 혐의의 수준을 의미한다. 바꿔 말해 조세당

62) 앞의 [4].II.2.(3).㈑. 참조.

국은 고발여부를 결정함에 있어 의심스러울 때 피고인에게 유리하게(in dubio pro reo) 원칙을 준수해야 한다. 예컨대 차명상장주식의 매도 후 증권계좌에서 (추적이 불가능한 현금인출이 아니라 추적이 가능한) 수표로 인출하여 자동차를 사는 행위가 '사기 기타 부정한 방법'으로 조세(주식양도세)를 포탈한 행위에 해당하는지는 의문이 남는다. 조세포탈의 성립에 합리적 의문이 남는다면 조세당국은 고발해서는 안 되며, 검사는 공소제기를 해서도 안 된다.

하지만 수사기관의 임의수사를 통해 상당한 범죄혐의가 포착되고 독자적인 수사를 통하여 포탈세액의 규모로 잠정 판단할 때 중대한 조세포탈혐의가 명백해진 경우에 검사는 조세당국에 고발을 요구할 수 있고, 조세당국은 이에 응할 의무가 있다고 본다. 그러나 조세당국은 여전히 '독자적인 조세정책적 판단'으로 고발요구를 거부할 수도 있다. 바로 그런 경우에 특가법 제16조는 비로소 작동한다. 즉 검사는 조세당국이 조세포탈혐의의 명백성과 중대성에도 불구하고 고발요청을 거부하면, 검사는 특가법 제16조에 따라 고발 없이 소추를 할 수 있다.

(3) 전속고발사건의 일방주도모델

실무에서는 전속고발사건에서도 이와 같은 협동적 상호작용의 모델이 부분적으로 기능하고 있는 것으로 보인다. 이런 실무현실은 앞서 설명한 바와 같이 특가법상 조세포탈죄사건에 국한되어야 한다. 조세형법의 이중도덕적 구조를 고려할 때 전속고발제가 채택된 다른 법률(예: 공정거래법)과는 차별적으로 고발의 전속성은 실질적인 양형판단의 '우선성'으로 이해되어야 하기 때문이다.

즉 세무조사는 범칙조사로 전환되어 수사의 성격을 갖고 또한 통고처분은 형벌을 부과하는 절차이며, 고발하지 않고 세무조사와 범칙조사가 통고처분으로 마무리된다면, 그것은 형사절차의 종결을 의미해야 한다. 다시 말해 행정수사와 행정벌이 통상적인 형사사법을 대체하는 것이다. 따라서 검사의 소추권은 조세당국의 고발여부에 전적으로 종속된다. 조세당국이 비록 조세포탈세액을 특가법이 적용될 만큼 큰 액수가 아니지만 고발을 한다는 것은 그 피의자의 조세포탈행위가 이를테면 행위반가치(예: 포탈방법의 반도덕적 강도)가 매우 높아 행정수사와 행정벌보다는 좀더 부담이 되는 절차를 감수하면서까지 좀더 강한 비난과 제재가 필요하다는 것을 의미한다. 그런 조세당국의 판단이 선행할 때에만 검찰은 그 사건을 소추할 수 있다. 이를 협동적 상호작용의 모델에 대비하여 일방주도모델이라고 부를 수 있다.

[실질적 양형으로 정상에 대한 판단의 세 가지 토포스와 체계통합]

지금까지 설명한 내용을 아래 그림을 통해 요약해보기로 한다. **① 정상 판단의 세 토포스** 조세범죄의 처벌가치는 특가법상 조세포탈죄의 적용과 조세범처벌법상의 범칙행위를 가르는 기준인 포탈세액규모뿐만 아니라 포탈률, 포탈의 수법, 전과 그리고 고발과 처벌여부가 납세의식에 미치는 영향(일반예방적, 특별예방적 효과)을 고려하여 판단된다. 이 판단은 세 가지의 장소, 즉 조세범처벌법 제9조 제3항의 "정상징역형"의 정상에 대한 조세당국의 판단, 형사소송법 제247조의 "형법 제51조의 사항"을 참작하는 검사의 판단 그리고 형법 제51조의 사항을 고려하여 법원이 행하는 양형의 심증형성을 관통하는 개념이다. 이를 실질적인 의미의 양형이라 할 수 있다.

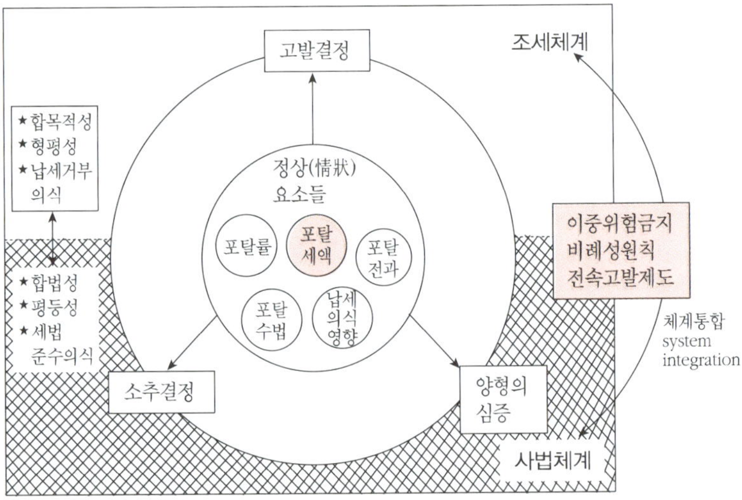

② **조세당국의 정상 판단과 이중위험금지** 조세당국은 조세사건에 관한 전문성을 갖고 세무조사와 범칙조사를 하여 통고처분을 하거나 고발을 한다. 이 고발은 실질적인 양형의 결과이다. 전속고발사건에서 통고처분하고 범칙자가 이행하면 조세범죄의 형사절차는 종료되고, 고발을 하면 일반 형사절차가 진행된다. 세무조사와 범칙조사 중에는 수사비례원칙에 의해 수사기관의 수사는 원칙적으로 금지되고, 예외적으로 임의수사만 전개할 수 있다. 특가법상 조세포탈죄사건에서도 조세당국은 다양한 정상요소들을 참작하여 (실질적 양형을 하여) 고발하지 않을 수 있다. 이는 조세범처벌절차법 제11조의 이중소추금지원칙에 기획된 이중위험금지원칙이 특가법 제16조보다 우선하고, 조세범처벌절차법 제9조 제3항 "정상징역형"이란 조세당국이 정상요소를 고려할 때 징역형으로 처벌할 가치가 있는 사건으로 판단하는 경우만을 의미한다. 이런 결론은 헌법구체화규범인 조세범처벌절차법 제11조가 입법재량규범인 특기법 제16조보다 우선하는 해석이 정합성(Coherence)이 있는 해석이라는 점에서 나온다.

③ **검찰의 정상 판단과 소추** 그러나 검찰은 임의수사를 통해, 또는

임의수사를 통해 상당한 범죄혐의가 밝혀져서 비로소 행하는 과세정보의 요구(국세기본법 제81조의10 제1항 2호)와 영장에 의한 강제수사 등을 통하여 조세당국이 고발하지 않은 특가법상 조세포탈사건의 범죄혐의가 중대하고 명백하여 징역형으로 처벌할 가치가 있다는 판단, 그리고 공소 제기 해야 한다는 양형판단을 내릴 수 있다. 그런 경우에 검찰은 조세당국에 고발을 요청하고, 조세당국이 이에 응하지 않으면 특가법 제16조에 따라 비로소 고발 없이 공소제기를 할 수 있다. 이러한 절차를 지키지 않는 조세범죄에 대한 소추는 공소권남용이 될 수 있다.

④ **법원의 정상 판단과 양형** 다음으로 수소법원은 이 경우에도 조세당국이 고발하지 않은 정상 판단의 결과를 양형과정에 고려해야 한다. 또한 조세당국이 특가법사건이지만 징역형이 적절하지 않다고 정상을 판단하여 고발하지 않고 통고처분을 하고 범칙자가 이를 이행하면 헌법구체화규범인 조세범처벌절차법 제11조의 이중위험금지원칙에 따라 검사는 소추할 수 없고, 설령 소추하여도 법원은 심리하지 않고 공소기각판결을 내려야 한다.

⑤ **체계통합의 달성** 이로써 조세체계와 사법체계의 기능충돌, 조세형평과 형법적 정의의 간극, 조세전문기관과 형사사법기관의 직능갈등, 납세자들의 납세준수의식과 납세거부의식의 이중성이 해소될 수 있다.

제 3 부

조세형사법이론의 응용과 실천

[5] 상장주식양도세포탈죄의 위헌성과 합헌적 적용방안

Ⅰ. 상장주식양도세포탈죄의 도덕적 이중구조

우리나라 최대의 기업집단인 S그룹의 Y회장이 최근 주식양도세의 포탈로 유죄판결[1]을 받았다. 이 사건의 중심쟁점이었던 E주식회사의 전환사채와 신주인수권부사채의 발행이 일종의 변칙증여를 통한 경영권의 승계를 추진한 배임행위였다는 점은 무죄판결을 받았다. 주식양도세 포탈은 S그룹이 회사재산을 이용하여 비자금을 조성하였다는 의혹을 수사하는 과정에서 부수적으로 밝혀진 결과였고, 정작 비자금조성의 의혹은 특검에 의해 무혐의로 처리되었다. Y회장의 조세포탈죄는 선대 회장으로부터 상속받은 차명계좌에 의한 주식거래에서 발생한 양도차익에 대한 세금을 내지 않은 점에 대하여 적용된 것이다.

1. 도덕적 구조와 도덕적 해이

그런데 차명계좌에 의한 주식거래의 양도차익에 대한 세금

1) 서울중앙지방법원 2008.7.16.선고, 2009고합366판결; 서울고등법원 2008.10.10.선고, 2008노1841판결.

의 포탈은 보통의 조세포탈죄와 다른 점이 있다. 이를테면 허위장부를 작성하여 소득세를 탈루시키는 행위는 영세자영업자의 경우이든 대기업에서 비자금을 조성한 경우이든 다같이 처벌될 수 있다. 또한 이 둘 사이에는 그 포탈세액의 규모에 따라 적용법규가 조세범처벌법 제9조 제1항 3호에서 특정범죄 가중처벌 등에 관한 법률(이하 특가법) 제8조로 달라질 수 있고, 소추하는 데에 있어 국세청의 고발이 필요하지 않게(특가법 제16조) 되는 차이만 있을 뿐이다.

이에 비해 특히 상속이나 증여의 실질을 갖는 차명계좌에 의한 상장주식의 거래에서 조세포탈은 오로지 주권상장법인의 대주주—소득세법 제94조 제1항 3호 가. 및 동법시행령 제157조 제4항에 의해 3% 이상 소유하거나 소유주식의 시가총액이 100억원 이상인 대주주—의 경우에만 처벌될 가능성이 있다. 하지만 증여성 차명계좌에 의한 주식거래에 의한 조세포탈은 보통의—경제적으로는 아마도 중상층(中上) 이상으로 추정되는—시민들 사이에서도 광범위하게 일어난다. 예컨대 부모가 자식 이름으로 (증여세공제범위를 초과하여) 2000만원을 예금하고, 추후에 그 예금으로 상장주식을 산 다음 주가가 2배 오르자 팔아서 다시 그 자식 이름의 계좌에 예치하기를 반복한다. 그러나 시민들의 이러한 증여세포탈에 대하여는 조세포탈죄가 사실상 집행되지 않고 있고, 주식양도차익에 대하여는 양도세도 부과되지 않으므로 법률상 조세포탈죄가 처음부터 성립하지 않게 된다.

하지만 Y회장의 주식양도세포탈행위와 이런 시민들의 조세회피행위는 존재론적으로(ontologisch) 보면 그 도덕적 구조에서 차이가 없다. 즉 [자식사랑으로 증여성 차명계좌 만들기 → 상장주식거래하기→양도차액에 대해 세금내지 않기]로 이어지는 행위들로 구조화되어 있다. 일반 시민들은 그런 조세회피행위를 부도덕하다고 보지 않는다. 이런 도덕의식은 대주주들에게도 마찬가지이다. 그들도 자식을 사랑하기는 인간본성상 마찬가지이기 때문이다.

그러나 다른 한편 조세의 형평성 있는 징수가 국가의 존립과 활동을 위해 불가피하다. 그렇기에 이와 같은 도덕의식은 역설적이지만 '모럴해저드'(moral hazard)의 성격을 갖게 된다. 다시 말해 인간본성에서는 도덕적일 수도 있지만, 국가목적에서는 부도덕한 양면성이 조세포탈죄의 불법에 내재해 있는 것이다.

2. 합헌성과 위헌성 사이

또한 조세회피를 부도덕한 것으로 단죄하는 경우에도 주식양도세회피행위로 인한 처벌은 오로지 대주주들에게만 국한되기에 대주주들은 억울하다고 느낄 수 있다.

(1) 법적 차별의 근거

그러나 일반 시민과 대주주 사이에 존재하는 법제도상 및 법집행상의 차별은 나름의 근거를 갖고 있다. ① 경영지배에 대한 통제와 ② 소득재분배가 바로 그것이다.

(가) 경영지배에 대한 통제 　첫째, 대주주는 —소유와 경영이 분리되지 않은 기업현실에서— 대개 상장기업의 경영권도 장악하고 있기 때문에 그에 상응하는 의무와 책임을 시장과 사

회에 대하여 짊어져야 한다는 점이다. 그러나 경영권자의 책임은 궁극적으로는 시장이 묻는 것임을 간과해서는 안 된다. 경영이 실패하면 시장은 대주주의 주식소유를 무의한 것으로 또는 무거운 법적 책임의 귀속거점으로 만들어 버린다. 또한 경영권자의 시장에 대한 책임은 시장에 대해 사기(fraud on market)를 처벌하는 법규들에 추궁된다. 경영권자가 시장을 사기 치는 전형적 방법인 주가조작(증권거래법 제188조의4, 제207조의2 제1항 2호)이나 내부자거래(증권거래법 제199조의2, 제207조의2 제2항 1호) 그리고 분식회계(주식회사의 외부감사에 관한 법률 제20조) 등은 강력하게 처벌된다. 주식보유현황도 시장에 신속, 진실하게 보고해야 하고 이를 위반해도 처벌된다(증권거래법 제200조의2 제210조 5호의2). 사실 주식양도세회피의 처벌은 경영권에 대한 통제와는 직접 관계가 없다. 단지 경영지배자의 경영외적, 즉 국가와 사회에 대한 강한 책임을 규정할 뿐이다.

(나) 소득재분배 그러므로 대주주의 주식양도세회피에 대한 처벌은 주로 소득의 재분배를 이유로 함을 알 수 있다. 즉 주식거래로 큰 양도차익을 얻는 부자는 세금을 내고, 그렇지 않은 시민들은 세금을 내지 않아도 된다는 것이다. 소득재분배는 물론 조세형평의 한 내용이며 조세법의 기본원칙을 이룬다. 하지만 상장주식양도세에서 과세형평은 대주주만 과세하고 소액주주에게는 과세하지 않는 방법이 아니라 모두에게 과세하되 시세차익의 규모를 구간별로 나눠 정교하고 적정하게 설정된 누진세율로 과세하는 방법에 의해 더 잘 실현될 수 있다. 물론 이를 하지 않았다고 해서 소득세법 제94조 제1항 3호 가.목이 위헌이라고 보기는 어렵다. 왜냐하면 큰 자본은 더 빨

리 증식되기 때문에 대주주에 대한 과세는 비록 부의 공평분배를 제대로 실현하지는 못하지만 그래도 부의 격차가 급속히 더 벌어지는 것을 막는 기능은 할 수 있기 때문이다. 다시 말해 소득세법 제94조 제1항 3호 가.목은 자본소득의 재분배를 도모하는 규정이기보다는 자본의 편중분배가 자본시장에서 빠르게 심화되는 것을 막는 규정이고, 이를 위해서 대주주에게 주식양도세를 부과하고 있다고 볼 수 있다.

(2) 형평과세와 불평등한 형벌

이처럼 조세포탈의 형사처벌이나 대주주에 대한 주식양도세부과가 각각 그 자체로는 문제가 없다고 하여도, 조세포탈죄가 주식양도세회피행위에 대해 적용될 때에는 위헌성의 문제가 매우 진지해진다. 즉 똑같이 차명계좌로 증거거래를 하고 시세차익을 남겼어도 대주주만 처벌되는 형벌불평등이, 바로 소득세법 제94조 제1항 3호 가.목이 조세포탈죄의 구성요건이 됨으로써 발생하기 때문이다. 다시 말해 조세포탈죄는 주식양도세회피와 관련해서는 조세형평을 형벌불평등으로 변환시킨다.

조세포탈죄는 그 실질에서는 국가의 조세권을 보호하는 것이지만, 동시에 국가의 형벌권을 실현하는 법이므로 형법의 법치국가적 형식을 유지해야 한다. 이때 법치국가적 형식의 하나로서 형벌평등, 즉 형사처벌에서 평등취급의 원칙은 형벌권의 정당성기초가 된다. 그러므로 만일 대주주만을 주식양도세포탈죄로 처벌하는 것이 합리적 근거가 없는 형벌불평등인데도 조세포탈죄의 정당성을 인정한다면, 조세권을 형벌권보다 상위에 놓이게 되고, 형벌권은 조세권을 실현하는 수단으로 자리매김

하게 된다. 그러나 이는 헌법상 평등원칙(헌법 제11조)에 위배될 뿐만 아니라 형법의 법치국가적 전통을 파괴하는 것이며, 형사사법의 적법절차성(헌법 제12조 제1항)에도 위배된다.

3. 여론과 법이론 사이

이와 같은 주식양도세포탈죄의 양면성(도덕적 구조와 도덕적 해이, 위헌성과 합헌성)은 그 집행에서도 불공평성을 가져오기 쉽다. 흔히 시민단체들의 입장은 납세의무에 대한 도덕적 해이와 주식양도세포탈죄의 합헌성에 무게를 두는 반면, 경제계는 주식양도세회피의 약한 도덕적 구조와 위헌성에 무게를 둘 것이다.[2)] 앞의 입장에 의하면 검사는 공소를 제기하고 법원은 작량감경 없이 실형과 포탈세액의 5배에 이르는 벌금을 병과하는 것이 정의롭다고 보게 된다. 반면 뒤의 입장에 의하면 양도세를 추후라도 자진납부하면 검사는 공소를 제기하지 않아야 하고, 설령 소추하였어도 법원은 작량감경을 적용하여 징역형의 집행유예를 선고하고, 벌금형의 선고유예를 부과하는 것이 정의로운 결론이라고 보게 된다. Sh그룹의 차명계좌 문제가 뒤의 관점에서[3)] 되었다면, S그룹의 차명계좌사건은 앞의 관점에 (징

2) 이에 더하여 S그룹은 2008.4.17. 보도자료에서 상속차명주식양도세포탈은 음성소득의 조세포탈을 위해 차명계좌에 넣어 보관하는 통상적인 조세포탈행위와 달리 경영권 보호와 방어를 위한 지분 분산의 필요성에서 비롯된 것임을 강조하기도 하였다(http://www.ohmynews.com/NWS_Web/View/at_pg.aspx?CNTN_CD=A0000881592에서 인용).

3) Sh그룹 대주주 일가의 차명주식 보유 진상을 규명하고 혐의가 확인되면 조세포탈죄 및 증권거래법 위반으로 처벌해야 한다는 참여연

역형에 집행유예를 단 것을 제외하면) 가깝게 처리되고 있다. 검사나 법관이 이 둘의 입장 가운데 어느 입장을 따를지는 규범적으로는 개인적인 정의관점의 근본적인 차이에 그리고 사실적으로는 그때그때 여론의 향배에 따라 달라지기 쉽고, 이는 고도의 법적 불안정성을 낳게 된다. Y회장의 탈세처벌도 E회사사건의 배임죄에 대한 처벌여론이 충족되지 못한 데서 발생하는 법감정이 전이된 결과로 볼 여지가 많다.

법이론은 이런 근본관점의 차이를 해소하고 법집행의 여론종속성을 차단해야 하는 과제를 진다. 하지만 아직까지 조세포탈죄를 주식양도세회피행위에 적용할 때 준거할 수 있는 법이론은 마련되어 있지 않다. 그렇기에 주식양도세포탈죄의 운용은 현재로서는 여론과 사건을 담당한 법조인의 개인적인 정의관점에 의해 좌우될 수밖에 없다. 아래에서는 앞의 단락들(특히 [2],[4])에서 논의한 조세형사법이론을 바탕으로 이와 같은 현실을 극복하고, 여론에 거리를 두면서도 정의관점의 차이를 변증시키는 법이론을 세워보기로 한다.

II. 상장주식양도세포탈죄의 위헌성

1. 위헌적인 신분범화

상장주식양도세포탈에 적용된 특가법상 조세포탈죄(특가법

대 조세개혁센터의 주장(http://blog.peoplepower21.org/Tax/17497) 참조.

제8조)는 매우 위헌적이다.[4] 그럼에도 불구하고 입법재량권의 존중 차원에서 공식적으로는 일단 합헌[5]이라고 보고, 또한 소득세법 제94조 제1항 3.가.목이 대주주에게만 주식양도세를 부과하는 것도 합헌[6]이라고 보기로 한다. 그런 전제에서도 대주주의 주식양도세회피행위에 대해 조세범처벌법 제9조 제1항을 거쳐 특가법 제8조를 적용하는 것은 또 다른 위헌문제를 가져온다.

(1) 수범자성의 차별

양도세부과에서 대주주와 소액주주의 차별은 조세형평의 관점에서는 정당하다고 보더라도 그 차별이 조세회피에 대한 형사제재에서 단지 양형상의 차이를 가져오는 정도가 아니라 범죄의 성립여부를 좌우하는 정도의 차별을 가져오고 있기 때문이다.

즉 특가법 제8조나 조세범처벌법 제9조 제1항 또는 소득세법 제94조 제1항 3호.가목 자체의 정당성(또는 위헌)문제가 아니

4) 이에 관해서 자세히는 [2].III. 참조.

5) 헌재결 1998.5.28. 97헌바68, 헌공28 참조.

6) 헌법재판소는 소득세법 제94조 제1항이 주식양도에 세금을 부과하는 것은 재산권침해가 아니며, 소급적용할 수도 있다는 점(헌재결 2003.4.24. 2002헌바9)과 조세법률주의나 포괄적위임입법금지원칙에도 위반하지 않는다는 점(헌재결 2006.2.23, 2004헌바71, 2005헌바103[병합] 등)에서 합헌임을 결정한 바 있다. 그러나 현재까지의 결정례에서는 대주주에게만 상장주식양도세를 부과하는 부분이 평등원칙(헌법 제11조)에 위배되지 않는지에 관한 판단은 명확히 밝혀지지 않았다. 하지만 결정문의 행간을 읽어보면 그 부분도 위헌으로 보지 않는 것으로 추론할 수 있다.

라, 조세범처벌법 제9조 제1항을 제94조 제1항 3호.가목의 대주주의 납세의무위반에 대해 적용하고 다시 특가법 제8조를 적용하는 경우에 비로소 등장하는 문제이다. 다시 말해 범죄구성요건(처벌법 제9조)과 가중처벌규정(특가법 제8조)이 상장주식을 거래한 사람 가운데 대주주만을 수범자(Adressaten)로 삼고 소액주주는 수범자에서 제외시킨다는 점의 위헌성이 문제이다. 형벌법규의 도덕적 구조는 '근거 없이' 수범자를 시민들 가운데 특정 집단에게만 국한해서는 안 된다. 특정 집단에게 형벌법규의 적용이 국한되는 범죄의 유형을 '신분범'(Sonderdelikt, statutory offence)이라고 부른다.

> 판례가 조세포탈죄에 대하여 "조세범처벌법 제9조 제1항 소정의 조세포탈범의 범죄주체는 국세기본법 제2조 제9호 소정의 납세의무자와 조세범처벌법 제3조 소정의 법인의 대표자, 법인 또는 개인의 대리인, 사용인, 기타의 종업원 등의 법정책임자이고, 이러한 신분을 가지지 아니한 자는 비록 원천징수의무자라 하더라도 납세의무자의 조세포탈에 공범이 될 수 있을 뿐, 독자적으로 조세포탈의 주체가 될 수는 없다"[7]라고 할 때 신분은 제9조 제1항의 수범자 범위를 정하는 기능개념으로 사용할 뿐이다. 여기서 내가 말하는 신분은 그런 수범자 범위의 설정 또는 개인간의 차별을 정당화하는 합리적 근거를 가리킨다.

(2) 형사불법을 형성하는 신분성의 결핍

(가) 신분성의 의미 그러면 주식양도세포탈죄가 신분범인지가 문제가 된다. 여기서는 먼저 신분범의 개념을 법실증주의의 관점에서 이해하는 것을 배제한다. 즉 의회가 어떤 범죄

7) 대판 1997.10.28, 97도1908; 2004.11.12, 2004도5818.

를 특정 집단에게만 성립할 수 있는 것으로 규정했다면, 그것으로 신분범이 된다는 사고를 배제한다. 판례의 신분개념인 "널리 일정한 범죄행위에 관련된 범인의 인적관계인 특수한 지위 또는 상태"[8]는 이와 같은 신분개념의 법실증주의적 이해에 기여하기 쉽다. 이런 개념에서는 신분 개념의 형법이론적 의미가 해체되고, 신분이 형사불법을 구성하고 형을 가중하거나 감경하는 기능은 입법자의 재량에 내맡겨지게 된다.

그러므로 신분성은 형사불법을 설정하거나 개인간에 차별화하는 '합리적인 근거'가 그 신분성이 법률로 규정되기 이전에 생활세계 속에 사람들에 의해 승인되고 인지되어야 한다. 실정형법이 특정 사람만 수범자로 삼는다고 하여 신분범이 이미 되는 것이 아니라 특정 사람만이 그 형벌법규의 주체가 되어야 할 합리적인 근거가 전제될 수 있을 때 비로소 신분범이 되는 것이다. 가령 허위진단서작성죄(형법 제233조)는 의사 등과 같이 진단서를 작성할 '능력'이 있고 그런 행위를 직업으로 수행하고, 그 자격을 '면허'에 의해 부여받고 있는 사람만이 주체가 되고, 그 범죄는 신분범이 된다. 공무원의 수뢰죄도 업무수행능력에 대한 판단을 걸쳐 공무원으로 임용된 사람만이 주체가 되고, 수뢰죄는 신분범이 된다. 존속살인죄(제250조 제2항)의 주체도 직계비속에 한정되는 것은 입법자가 그런 가중구성요건을 만들었을 뿐만 아니라, 그런 가중의 근거가 예컨대 부모와 자식이라

8) "형법 제33조 소정의 이른바 신분관계라 함은 남녀의 성별, 내외국인의 구별, 친족관계, 공무원인 자격과 같은 관계뿐만 아니라 널리 일정한 범죄행위에 관련된 범인의 인적 관계인 특수한 지위 또는 상태를 지칭하는 것"(대판 1994.12.23, 93도1002).

는 혈연에 터 잡은 확고한 '사회적 신분'에 기초해 있기 때문에 가능한 것이다. 또한 이런 신분적 요소는 그에 기초하여 신분자가 수용할 수 있는 생활세계 안에서 타당한 '행위규범'을 구성하는 요소가 될 수 있어야 한다.

(나) 대주주의 비신분성 이와 같은 신분성이 대주주에게 있는 것인가? 대주주는 경영을 소액주주에 비해 특별히 잘할 수 있는 '능력'이 있기 때문에 대주주가 되는 것은 아니다. 물론 대주주가 소유와 경영이 분리되지 않은 경영문화에서는 경영자가 되기는 하지만 경영자로서 책임은 배임죄 등 다른 법에 의해 물을 수 있다. 또한 면허나 (대표이사로서) 임용(또는 선임)에 의해 부여된 자격에 의해서 대주주가 되는 것도 아니다. 더 나아가 대주주의 사회적 신분이 있지도 않다. 오로지 경제적 계층의 차이를 보여준다. 이 계층성은 지속성[9]이 보장되어 있는 것이 아니다. 주식발행총수의 변화나 주식투자자들의 투자흐름 등에 따라 대주주성이 그때 그때 바뀔 수 있고, 경영을 지배하는 사실상의 힘[10]도 새롭게 출현한 대주주에게 넘어가기도 한

---

9) 학계에서는 신분 개념에 계속성이 불필요하다는 견해가 지배적이다; 이재상, 『형법총론』 (박영사, 2008), 503쪽; 김일수/서보학, 『형법총론』 (박영사, 2006), 655쪽 등 참조. 그러나 수범자의 범위를 결정하는 개념으로서 신분은 계속성이 필요 없으나 형사불법을 구성 및 가중하는 형법이론적 개념으로서 신분은 친족관계처럼 일신적 특성(Persönliche Eigenschaft)이나 공무원처럼 일신적 관계(Persönliche Verhältnisse) 그리고 상습성처럼 일신적 상태(Persönliche Umstände)를 지닌 것으로서 계속성은 신분 개념에 내재적으로 필수적인 요소가 된다.

10) 대주주에 대한 상장주식양도세 부과의 근거로 "대주주가 주식 발행회사에 미치는 사실상의 영향력 등 지배적인 위치"를 제시하는 헌

다. 그런 점에서 '신분성'을 갖지 못한다.

신분 개념의 이런 의미에서 볼 때에는 또 다른 경제적 계층으로서 소득세가 부과되지 않는 저소득층도 소득세포탈죄의 '소극적 신분'범이 되는 것도 아니다. 대주주가 (적극적) 신분이 아니라 잠정적인 경제적 계층인 것처럼 일반 소득세포탈죄에서 저소득층도 (소극적) 신분인 것은 아니다. 경제적 계층을 신분이라고 보는 것은 사회학적 경제학적 논의에서 타당할 뿐 형법학에서는 타당하지 않다.

(다) 자유우선원칙 위반 설령 경제적 계층을 형법상 신분으로 보더라도 상장주식양도세포탈죄에서는 주식거래자 총수에서 극소수에 해당하는 사람(대주주)에게 예외적으로 형사불법을 귀속시키는 반면, 소득세포탈죄에서는 거꾸로 (소득세납세의무가 면제된) 소수자에게만 예외적으로 형사불법을 배제시킨다는 점이 다르다. 상장주식양도세포탈죄에서 (신분개념이 수행하는) 수범자선정의 불평등은 개인(대주주)에게 형사처벌을 가능케 하는 기능을 수행하는 반면, 일반 소득세포탈죄에서 수범자선정의 불평등은 개인(저소득자)에 대한 형사처벌을 불가능하게 만드는 기능을 수행한다. 다시 말해 수범자 선정의 차별에 대한 합리적 근거가 약하다고 볼 수 있는 경제적 계층성이 비범죄화기능을 하는 것은 무방하지만 범죄화기능을 하는 것은 '의심스러울 때 시민의 자유이익으로'(in dubio pro reo) 원칙(자유우선원칙)에 위배된다는 것이다. 그러므로 수범자 선정에서 차별 또는 형벌불평등의 요소가 상장주식양도세포탈죄에 대해서는 위

재결 2006.2.23. 2004헌바32, 2005헌바63 · 102 · 104 · 105(병합) 전원재판부 참조.

헌성의 문제를 가져오지만, 저소득자에 대한 일반 소득세포탈죄의 미적용에 대해서는 위헌성의 문제를 가져오지 않는다.

(3) 정책실행수단

3% 이상 또는 100억원 이상의 대주주에게만 조세포탈죄의 주체성을 인정하는 것은 그렇기에 오로지 정책일 뿐이다. 그러니까 대주주만 조세포탈죄의 신분범이 되게 하는 것은 도덕형성력이 없거나 매우 약한 '정책'일 뿐이다. 물론 이 정책은 소득의 재분배라는 (평등한 자유가) 확장된 도덕적 이념을 조세영역에 관철하는 것이기는 하다. 그러나 조세포탈죄는 (소득재분배의 의미에서 말하는) 조세형평을 위해 감수해야 하는 조세부담의 불평등을 넘어서 형사처벌의 불평등까지 강요한다. 하지만 형사처벌의 불평등은 형법의 도덕성 자체를 파괴한다. 조세형평을 위한 조세부담의 불평등을 감수하면서도 형사처벌의 불평등이 초래되지 않는 입법도 얼마든지 가능하기 때문이다.

[상장주식양도차익의 누진세율에 의한 종합소득과세제] 가령 소득의 차이를 고려하고 소득재분배 효과를 위해서는 상장주식양도세를 대주주만 부담하는 것이 아니라 미국처럼 모든 주주가 누진세율에 의해 양도세를 부담하는 것으로 충분하며, 오히려 더 합리적이다. 미국의 경우 1986년에 제정된 Tax Reform Act(TRA)는 주식양도소득을 다른 소득과 합산하여 종합과세한다. 세율은 15%, 28%, 31%의 3단계로 나뉘며, 일정 수준 이상의 고소득자에게는 36%, 초고소득자에 대한 10%의 부가세를 적용하여 39.6%의 세율이 적용된다. 결국 5단계의 세율이 적용되는 셈이다. 또한 2001년부터는 IRS Restructing and Reform Act가 5년 이상 보유한 자산으로부터 얻은 자본이득에 대해서는 18%, 1년 이상 5년 미만 보유

> 자산으로부터 얻은 자본이득에 대해서는 20%의 세율을 각기 적용하고 있다. 다른 선진각국의 법제[11]를 살펴보아도, 대부분 미국처럼 종합소득과세제로 운영하고 있고, 우리나라처럼 대주주에게만 납세의무를 부과하는 것은 매우 이례적이다. 바로 그 점으로부터 특별한 형법문제가 등장하는 것이다.

행위불법(예: 조세포탈의 양태)을 고려하지 않고 결과불법만 고려한다고 하더라도, 예컨대 만일 상장주식양도세가 양도차익의 규모에 비례하여 누진세제의 형태로 모든 상장주식거래자에게 부과되고, 그 양도세의 회피에 대해 똑같이 조세포탈죄가 적용되며, 다만 그 포탈액의 크기에 따라 양형상 차이를 둔다면 형사처벌의 불평등은 해소된다.

이런 점에서 (상장)주식양도세포탈죄는 형법의 도덕성을 파괴한다고 말할 수 있다. 대주주들도 양도세부담은 기꺼이 짊어지고자 하더라도 형사처벌(의 불평등)까지 감수해야 한다는 도덕의식이 조세포탈죄에 의해 만들어지지도 않는다. 이런 점에서 상장주식양도세포탈죄는 순수하게 정책을 현실에 옮기는 수단(implementation of policy)으로서 기능한다고 보아야 한다. 오로지 정책수단이 된 형법은 정당하지 않다.

2. 특가법상 조세포탈죄(제8조)의 한정위헌성

(1) 입법재량영역의 제한

이렇게 볼 때 조세포탈죄 제9조 제1항은 —소득세법 제94

11) 각국의 주식양도세제에 관해서는 백제흠, "주요국의 주식양도소득과세제도," 『조세법연구 1』(1995.8), 218~244쪽 참조.

조 제1항 3호 가.목이 합헌이라고 보는 경우에도— 신분범적 근거가 없이 수범자를 상장회사의 대주주에게만 국한시킴으로써 평등원칙(헌법 제11조)에 위배되고, 형법으로서 정당성도 갖추기 어렵다.

(가) 합헌결정의 근거로서 입법재량권 또한 형법의 수범자를 근거 없이 특정 경제적 계층에 속한 사람들에게만 인정하는 위헌성의 강도는 특가법 제8조처럼 행위반가치와 결과반가치의 이원적 구조를 띠는 형사불법의 도덕적 구조를 왜곡시키는, 즉 오로지 포탈세액규모라는 결과불법만에 의해서 불법을 가중시키는[12] 불평등의 위헌성 강도보다는 다소 강하거나 같다고 볼 수 있다. 첫째, 여기서 '더 강하다'고 보는 것은 특가법 제8조는 형사불법을 새롭게 창설하는 구성요건이 아니라 '강제적 양형규정'이어서 그 조항에 의한 불평등이 법형식상으로 양형상의 불평등으로 귀결된다는 점 때문이다. 둘째, 위헌성 강도가 '같다'고 말하는 것은 조세당국의 전속고발권 불행사에 의한 형사처벌의 소송법적 장애가 포탈세액의 크기에 따라서 제거(특가법 제16조)되기도 하고 안 되기도 한다는 점에서는 양형상의 불평등을 넘어 처벌여부의 불평등으로 이어질 수 있다는 점에서 그러하다. 그럼에도 불구하고 이와 같은 수범자의 차별에 따른 형벌불평등이나 행위반가치와 결과반가치의 차별에 따른 형벌불평등이나 모두 위헌결정에 이를 정도로 강한 위헌성을 가진다고 보지 않을 수도 있을 것이다. 이는 위헌소지가 있지만 입법자의 재량권을 존중한 결과이다.

12) 이에 관해서는 앞의 [2].III.4. 참조.

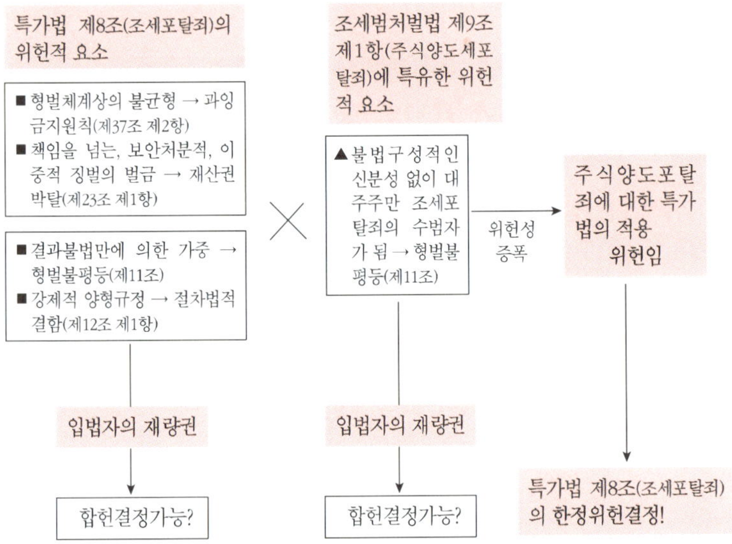

(나) 입법재량의 한계를 일탈시키는 위헌성의 증가 그러나 상장주식양도세포탈에 대하여 조세범처벌법 제9조 제1항뿐만 아니라 특가법 제8조를 적용하게 되면 각각의 형벌법규가 지닌 위헌요소가 서로 상승작용하면서 그 위헌성이 입법자의 재량영역을 일탈할 수준으로 커진다. 예컨대 소액주주는 상장주식양도에 대해 아예 세금을 내지 않고 조세포탈죄의 성립가능성도 처음부터 없는 데에 비하여, 대주주는 양도세를 부담할 뿐만 아니라 양도세를 포탈하면 살인죄의 법정형에 가까운 형벌에 처해진다. 이런 정도의 커다란 차별은 더 이상 입법자의 재량권에 의해 정당화되기 어렵다. 즉 대주주의 상장주식양도세포탈에 특가법 제8조를 적용하는 것은 헌법상 평등원칙에 위배될 뿐만 아니라 과잉금지원칙에도 위배된다고 보아야 한다. 또한 포탈세액만으로 가중처벌하는 특가법 제8조가 지닌 (행위불법과

결과불법이라는 형사불법의 도덕적 구조에서 바라본) 형벌불평등의 위헌요소도 그 규정이 신분성이 없는 대주주의 경우에만 적용되는 경우에는 그 불평등의 정도가 배가됨으로써 입법자의 재량영역을 벗어 넘을 만큼 한층 더 커진다.

(2) 특가법상 조세포탈죄의 한정위헌성

여기서 특가법 제8조나 조세범처벌법 제9조 제1항을 위헌이라고 결정하지 않으면서도 대주주의 상장주식양도세회피를 특가법 제8조에서 가중처벌되는 조세포탈범으로 처벌하는 것만을 위헌으로 바라볼 수 있다. 이런 판단은 변형결정(한정위헌, 한정합헌)의 재판형식에 담길 수 있다. 즉 소득세법 제94조 제1항 3호 가.목도 합헌, 조세범처벌법 제9조 제1항도 합헌 그리고 심지어 특가법 제8조도 각각은 합헌이지만, 특가법 제8조를 대주주의 상장주식양도세포탈과 같은 사안유형에 적용하는 것은 위헌이라고 보는 것이다. 여기서 세 가지 점이 주목되어야 한다. 첫째, 이러한 한정위헌결정은 헌법재판소가 의회의 입법재량권을 과도하게 인정하지 않으면서도 다른 한편으로는 의회의 입법권에 과도하게 개입하지 않는 평형을 이루게 하는 법기술이다.

둘째, 변형결정 가운데 한정합헌보다는 한정위헌이 더 적절하다. 헌재결정의 법원에 대한 구속력을 고려할 때[13] 한정위헌이 한정합헌보다는 좀더 입법자의 재량영역을 강하게 통제하

13) 특히 한정합헌결정과 한정위헌결정의 구속력에서 차이에 관한 새로운 법이론적 분석으로 이상돈, 『헌법재판과 형법정책』 (고려대출판부, 2005), 113쪽 아래 참조.

기 때문이다. 특가법 제8조가 적용되는 사안들 가운데 대주주의 상장주식양도세포탈 이외의 사안에 대하여 적용되는 한 합헌이라는 헌법재판소의 결정이 내려지면, 법원은 대주주의 상장주식양도세포탈에 대해서도 합헌적인 방식의 새로운 해석을 통해 여전히 조세포탈죄로 처벌할 수 있는 반면, 상장주식양도세포탈에 대한 특가법 제8조의 적용이 위헌이라고 결정되면 법원은 상장주식양도세포탈을 특가법 제8조의 조세포탈죄로 처벌할 수 없다.

셋째, 여기서 특가법 제8조의 한정위헌이라고 부른 바는 동 조항이 범죄구성요건이라는 전제에서 가능한 것이다. 그러나 만일 동 조항을 강제적 양형규정으로 보면 조세포탈죄의 범죄구성요건은 조세범처벌법 제9조 제1항이고, 이 조항의 범죄요건을 실질적으로 구성하는 조세포탈의 요건은 또 다시 소득세법상의 다양한 과세조항들에 의해 창설된다. 여기서 말한 한정위헌결정은 바로 그러한 과제조항들 가운데 제94조 제1항 3호 가.목을 지워버리는 것이 된다. 이런 의미에서 위헌결정은 질적으로 조세포탈죄 구성요건의 일부를 무효화하는 것이 아니라 양적으로 무효화하는 것이 된다. 즉 일부위헌결정이 된다.

III. 상장주식양도세포탈죄의 헌법합치적 해석

이제 마지막으로 특가법 제8조가 위헌(앞의 II)이 아니고 또한 상장주식양도세회피에 대한 특가법상 조세포탈죄의 적용도 일부위헌(앞의 III)이 아니라고 가정하자. 이럴 경우에도 상장주식양도세회피에 대한 특가법상 조세포탈죄의 적용은 그 강력한 위헌소지로 인해 최대한 제한적일 필요가 있다. 이 제한적 적용의 방안을 S그룹 Y회장 사건처럼 차명거래에 의한 상장주식양도세포탈을 예로 설계해보기로 한다. 이 방안은 실체법과 절차법의 차원에서 각각 마련될 수 있다. 실체법적 차원에서는 상장주식양도세포탈죄의 요건을 강화하여 최대한 축소해석 하는 방안을 생각할 수 있다.

1. 적극적 은닉행위와 판례분석

S그룹의 Y회장 사건에 대한 하급심 법원의 판결[14]을 보면 차명계좌를 이용한 상장주식양도가 "사기 기타 부정한 방법으로" 조세를 포탈한 경우에 해당하려면 차명계좌의 보유만으로는 충분하지 않다고 본다.

(1) 차명계좌의 보유와 폐쇄

따라서 ① 차명(증권)계좌나 차명주식을 상속으로 받았다는 사실만으로 조세포탈죄가 성립하지 않는다. 또한 ② 차명주식에 대해 보유하는 동안에 귀속되는 배당금을 받았지만, 그 주식을 양도하고 증권계좌에 들어온 현금을 인출하고 그 계좌를 폐쇄시키는 행위도 조세포탈행위에 해당하지 않는다(차명계좌의 일시적 보유와 상속). 이 행위유형이 조세포탈이 되지 않는다는

14) 여기서 판례는 삼성그룹 Y회장의 상장주식양도세포탈사건에 대한 서울중앙지방법원 2008.7.16.선고, 2009고합366판결과 서울고등법원 2008. 10.10.선고, 2008노1841판결을 대상으로 분석한다.

해석은 차명계좌에 의한 주식취득과 매도가 대주주에게 양도세를 부과한 1999.1.1. 이전에 이루어진 경우뿐만 아니라, 취득은 이전에 그러나 매도는 이후에 이루어진 경우, 그리고 취득과 매도가 모두 그 이후에 이루어진 경우에 모두 타당하다고 보아야 한다. 물론 삼성사건에 대한 판례는 1999.1.1. 이전에 차명계좌로 취득한 주식의 매도행위를 대상으로 하고 있다.[15] 그러나 1999.1.1. 이후에 차명계좌로 취득한 주식의 매수입고 후 배당금 수령, 주식매도, 현금인출에 대해서도 같게 적용함이 타당하다.

(2) 적극적 소득은닉

판례는 조세회피자가 차명계좌를 통한 주식거래의 이익(소득)을 적극적으로 은닉하는 행위와 의사가 있어야 한다고 본다.

> "과세대상의 무신고와 아울러 여러 개의 차명계좌에 분산 입금(입고)하거나 순차 다른 차명계좌에 입금(입고)을 반복하는 행위, 현금 등 지급수단의 교환반복행위 등과 같이 차명계좌의 재산… 을 감추려는 적극적 의도가 나타나는 사정이 덧붙여진 경우"[16]
> "피고인 …은 … 차명계좌의 주식을 양도한 것은 명의자의 퇴직이나 사망 등으로 새로운 명의자의 계좌로 교체하는 경우 및 유상증자가 있을 때 신주인수대금을 마련하려는 경우가 있었을 때이므로 … 소득을 올리려는 의사 자체가 없어 단순한 차명계좌의 보유 외에 적극적인 소득은닉행위가 없다는 것이다. 살피건대, … 그러나 어느 차명계좌로부터 금원을 인출하여 소비하거나 새로운 계좌에 입금할 필요가 있을 때에는 그 액수가 고액이더라도 대부

15) 위 제1심 판결문 19쪽; 항소심 판결문 52쪽.

16) 서울중앙지방법원 2008.7.16.선고, 2009고합366판결의 판결문 12쪽; 같은 취지로 항소심 판결문 45쪽; 방점은 중략한 부분임(이하 동일).

분 현금출금 등의 방법을 통함으로써 자금추적을 곤란하게 하고, 배당금수령액을 수표로 출금하는 경우에는 동일 명의인의 계좌에만 입금하거나 사용하지 않고 금고에 장기 보관하는 등 과세관청으로 하여금 차명계좌들의 상호 연관성을 발견하기 곤란하게 하였던 사정 … 등을 종합하여 보면 … 적극적 은닉의도가 현저하므로 사기 기타 부정한 행위에 해당한다.[17]

(가) 적극적 소득은닉행위의 구조화 이런 판례를 체계적으로 분석 정리해보면 차명주식거래의 양도세 회피행위가 적극적 소득은닉행위가 되려면 첫째, Ⓐ 상속재산을 여러 차명계좌에 분산 입금하였거나(Ⓐ-1), 한 차명계좌에서 '다른' 차명계좌로 재산을 이전하였어야 한다(Ⓐ-2). 이를 '계좌교체행위'라 부를 수 있다. 둘째, Ⓑ 차명계좌에서 출금과 차명계좌로의 입금은 현금으로 하였거나(Ⓑ-1), 드물게 수표로 인출할 때 반드시 동일인의 계좌로 입금하거나 장기간에 걸쳐 수표를 금고에 보관하였어야(Ⓑ-2) 한다. 이는 '계좌연관성단절행위'라 부를 수 있다. 셋째, Ⓒ 아울러 이런 행위들이 일회적인 것이 아니라 일정한 '반복성'을 갖고 있어야 한다.

판례에서 Ⓐ와 Ⓑ의 관계는 '또는'(∨)인지 아니면 '그리고'(∧)인지가 분명하지는 않다. 하지만 "차명계좌들의 상호 연관성을 발견하기 곤란"하게 되려면 예컨대 甲 명의의 계좌에서 乙 명의의 계좌로 옮겨질 때 현금으로 입출금되어야 하므로 Ⓐ와 Ⓑ의 관계는 '그리고'(∧)의 관계로 이해되어야 한다. 그 밖에 Ⓒ가 Ⓐ, Ⓑ와 어떤 관계에 있는지도 다소 불분명하지만 "입금(입고)를 반복하는 행위," "지급수단의 교환반복행위"라는 표

17) 위 제1심 판결문 15, 16쪽; 항소심 판결문 48, 49쪽.

현에 볼 때 역시 '그리고'(∧)의 관계에 있다고 봄이 타당하다. 여기서 적극적 소득은닉행위가 되려면 다음과 같이 구조화할 수 있다.

적극적 소득은닉행위 = Ⓐ∧Ⓑ∧Ⓒ
= (Ⓐ-1∨Ⓐ-2)∧(Ⓑ-1∨Ⓑ-2)∧Ⓒ
(Ⓐ: 계좌교체행위, Ⓑ: 계좌연관성단절행위, Ⓒ: 반복성)

(나) 적극적 소득은닉행위가 부정되는 유형 이렇게 볼 때 Ⓐ, Ⓑ, Ⓒ의 요건 가운데 어느 하나라도 충족되지 않는다면 적극적 소득은닉행위가 인정되지 않는다. 이를테면 첫째, 상속 차명계좌가 다시 여러 차명계좌로 분산 입금되지 않았을 뿐만 아니라 차명계좌에서 다른 차명계좌로 재산이 이전되지 않았던 경우(~Ⓐ)와 둘째, 계좌가 교체되었어도 현금 입출금이 아닌 수표 출입금을 하여 다른 계좌로 입금한 경우(~Ⓑ)를 들 수 있다. 셋째, 계좌교체행위나 계좌연관성단절의 입출금행위가 일회에 그친 경우(~Ⓒ)를 들 수 있다.

(다) 사망 등으로 인한 차명의 교체 셋째 유형의 특수한 경우로 판례는 인정하지 않았지만[18] 차명계좌의 명의인이 사망하거나 퇴사하여 다른 차명인으로 교체한다든지, 유상증자가

---

18) 삼성사건에서 변호인들은 이런 행위가 적극적 소득 은닉의사가 없는 행위라고 주장하였으나 제1심 항소심에서 받아들여지지 않았다. 만일 이런 행위에 계좌연관성단절의 입출금행위가 없었다면 당연히 적극적 소득은닉행위가 되지 않지만 그런 행위가 있었다면 적극적 소득은닉행위는 인정될 것이다. 다만 이런 행위는 재산증식행위가 아니고 그런 이유로 인해 조세포탈죄의 성립이 부정되어야 한다.

있을 때 신주인수대금을 마련하기 위해 주식을 매도하는 행위를 들 수 있다. 이 행위는 경영권 방어목적으로 행한 행위라고 보는 것은 뒤에서 보듯 상장주식양도세포탈죄의 고의를 (은닉의사 + 재산증식의사 + 변칙증여의사)라고 봄을 전제로 변칙증여의사를 부정하는 주장이다. 이런 주장은 객관적 구성요건요소로서 부정한 방법에 의한 조세포탈의 의미인 적극적 소득은닉행위의 인정을 배척하지는 못한다. 그러나 그런 행위가 차명계좌 명의인의 사망이나 퇴사로 인한 명의인 교체는 전체 차명계좌에서 '복수로'(다발적으로) 일어나기는 하지만 한 차명계좌에서 '반복적'으로(되풀이하여) 일어나는 것은 아니다. 즉 객관적 구성요건요소로서 반복성요건(Ⓒ요소)이 충족되지 않는다고 볼 수 있다. 다시 말해 이런 경우는 차명계좌의 보유를 지속하기 위한 행위가 된다.

(라) 불소급원칙에 의한 배제 　적극적 은닉행위가 있어서 판례처럼 상장주식양도세포탈죄를 인정하는 경우에도 대주주에 대한 주식양도세부과규정이 시행된 1999.1.1. 이전에 차명거래에 의한 주식취득과 매도 그리고 양도차익의 은닉행위가 일어난 사안에 대해서는 조세법률주의 및 형벌불소급원칙에 따라 조세포탈죄가 적용될 수 없다.

2. 상장주식양도세포탈죄의 축소해석

그러나 적극적 소득은닉행위만으로 사기 기타 부정한 방법으로 조세를 포탈한 행위가 있었다고 말하는 것은 충분하지 않다.

(1) 재산증식

주가의 거시적인 상승경향에서 보면 차명주식의 장기보유로 인한 주가상승분은 주식보유자 누구에게나 주어지는 이익이고, 그런 이익의 은닉만으로 범죄성립을 인정한다면 상장주식 포탈죄의 위헌성을 제거하기는 충분하지 않다. 그러므로 차명주식의 장기보유에 따른 소득의 은닉을 넘어서 '적극적으로 재산을 증식하는 행위'가 있어야 한다.

(가) 이득의사 이런 재산증식행위를 인정할 수 있으려면 예컨대 차명계좌에서 입고나 출고, 주식의 교환 등을 반복적으로 함으로써 주식시장의 상황변화에 따라 능동적으로 시세차익을 지속적으로 추구했어야 한다. 다시 말해 상속받은 것을 유지하는 수준이 아니라 그것을 이용해 부를 더 늘리려고(Bereicherung) 했어야 한다. 가령 차명주식을 매각하고 동일 증권계좌에서 바로 무기명채권을 산 다음 채권을 할인받아 수표를 취득한 다음 그 수표로 물건을 샀다면, 적극적 은닉행위는 있는 것이지만 재산증식행위는 없다고 볼 수 있다. 이 경우에도 상장주식양도세포탈죄는 성립하지 않는다.

이런 해석에 의하면 조세포탈죄의 고의는 행위자가 (차명거래에 의해) 주식양도차익이 발생하였고, 주식양도세납부의무가 발생했음을 알고도 그 차익(소득)을 적극적으로 은닉하려는 의사뿐만 아니라 차명거래에 의해 적극적으로 재산을 증식할 의사(불법이득의사, Bereicherungswille)까지 갖고 있어야 한다. 이때 이득은 납세를 피함으로써 자신의 재산이 감소하는 것을 막는 데에 그치지 않고, '타인의 재산영역에 들어가 그의 재산을 자신의 재산영역으로 가지고 오는 것'을 말한다. 이때 납세를 피하는 행위는 조세채권이라는 국가의 재산영역에 들어가는 행위이긴 하지만 조세채권의 침해[19]는 조세포탈행위(기수)에 의하여 이루지는 결과이고, 그 실행행위 자체를 구성하는 요소가 아니다. 그렇지만 여전히 조세포탈죄를 위험범으로 볼 필요는 없다. 포탈행위에 의하여 잠재적인 조세채권의 침해가 재산상 손해로 발생한다고 볼 수 있기 때문이다.

(나) 기술적 의미의 재산범 또한 이는 재산범(이득범)의 고의 개념에 상응하는 해석이다. 예컨대 사기죄에서 기망행위는 사기행위자의 재산상태를 (법적으로 효력이 없지만) 증가시키는 행위이고, 고의도 행위자가 자신의 재산증가가 불법적인 것임을 알고 의욕했어야 한다. 물론 조세범이 국가의 기능에 대한 범죄로서 좁은 의미의 재산범은 아니다. 하지만 이렇게 불법이득의사에 상응하는 재산증식의사를 고의의 요소 또는 초과주관적 요소로 삼는 것은 조세범도 (장물죄에서 말하는) 넓은 의미의 재산범, 기술적 의미의 재산범에 속하기 때문이다. 장물죄의 본범으로서 기술적 의미의 재산범은 "타인의 재산상의 이익을 침해하여 불법적인 재물을 취득하고 그로써 직접적으로 위법한 재

---

19) 물론 조세포탈죄는 과세요건의 충족을 전제로 할 때만 조세채권의 침해가능성도 인정되고, 과세요건이 충족되지 않는 경우에는 애당초 조세포탈죄가 성립하지 않는다. 이에 관한 대판 2005.6.10, 2003도5631("조세포탈죄는 납세의무자가 국가에 대하여 지고 있는 것으로 인정되는 일정액의 조세채무를 포탈한 것을 범죄로 보아 형벌을 과하는 것으로서, 조세포탈죄가 성립하기 위하여는 조세법률주의에 따라 세법이 정한 과세요건이 충족되어 조세채권이 성립하여야만 되는 것이므로, 세법이 납세의무자로 하여금 납세의무를 지도록 정한 과세요건이 구비되지 않는 한 조세채무가 성립하지 않음은 물론 조세포탈죄도 성립할 여지가 없다") 참조.

산상태에 이른 경우"(unter Verletzung fremder Vermögensinteressen zu einem deliktischen Sacherwerb und dadurch unmittelbar zu einer rechtswidrigen Vermögenslage)[20]를 가리킨다.[21] 이 개념에서 재'물'취득은 장'물'죄의 본범이 되기 위한 요건일 뿐이어서 이를 재산범 일반에 확장하면 "재산상의 이익취득"(이득범)으로 대체될 수 있고, 조세포탈행위가 침해하는 재산상 이익은 국가의 (잠재적인) 조세채권이 되며, 이를 침해하여 직접적으로 납세를 면탈한 위법한 재산상태에 이른 것이라 할 수 있다.

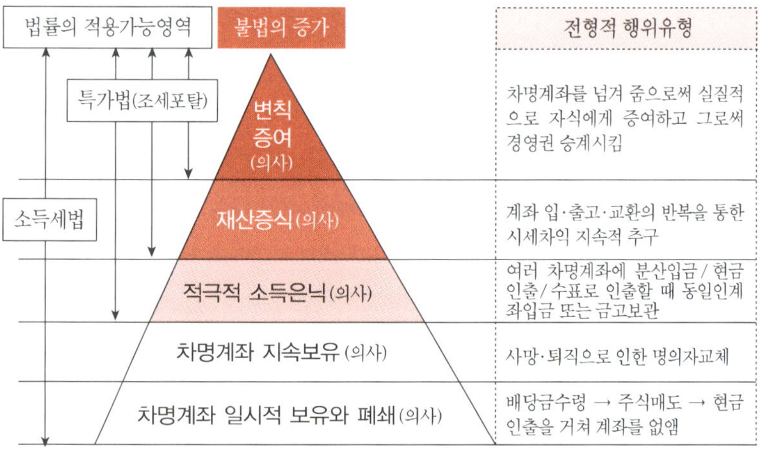

20) Fritjof Haft Strafrechts, BT (2.Aufl., 1982), 183쪽 참조.

21) 독일에서는 조세포탈죄(Steuerhinterziehung)를 "사기죄의 특수한 형태"(spezielle Form des Betrugs)로 이해되고 있다. 이에 관해 Erwin Künster, Wirtschaftsstrafrecht (Müller-Gugenberger/Bieneck 편) (3.Aufl., 2000), 1123쪽 참조.

(2) 변칙증여

더 나아가 차명거래에 의한 상장주식양도세의 회피는 대주주만 납세의무를 부담시키는 입법취지의 효력영역 안에서 일어날 때에만 조세포탈죄로 다루는 것이 그나마 위헌소지를 줄이는 방편이 된다. 1998.12.28. 개정된 소득세법의 개정이유를 보면 "상장주식을 이용한 변칙증여를 방지하고 부동산 등 다른 자산을 양도하는 경우와는 과세형평을 기하기 위하여 대주주가 상장주식을 대량으로 거래하는 경우에 대하여도 양도소득세를 과세하도록 함(법 제94조)"[22]이다. 여기서 다른 자산의 양도와 형평을 기하기 위한 과세라는 점은 대주주에게만 해당하는 과세근거가 아니라 소액주주에게도 해당되므로 상장주식양도세포탈죄의 해석기준으로 삼을 수 없다. 따라서 대주주에게만 상장주식양도세를 부과하는 것은 주로 '변칙증여의 방지'라는 목적을 위한 것이고, 상장주식양도차익에 대한 "조세를 포탈"(처벌법 제9조 제1항)하는 행위는 그런 목적을 위한 조세회피행위이어야 한다. 다시 말해 변칙증여를 하기 위해 차명계좌에 의한 주식거래를 하고 양도차익이 발생하였지만 양도세를 납부하지 않은 때에만 상장주식양도세포탈죄가 성립한다. 이렇게 되면 고의의 내용으로 적극적 소득은닉의사와 재산증식의사 이외에 변칙증여의사가 포함되어야 한다. 즉 이때 변칙증여의사는 일종의 의도(Absicht)이다. 목적범의 목적 개념에 상응하는 가장 강한 형태의 고의가 된다.

그러나 여기서 주의할 점은 이런 엄격한 주관적 요건을

22) 소득세법 일부개정(1998.12.28. 법률 제5580호) 개정이유의 사.항목 참조.

요구하는 것은 단지 주식양도세포탈죄가 매우 위헌적이라는 점을 고려한 축소해석이기만 한 것이 아님을 알 수 있다. 왜냐하면 그런 요건은 그 범죄구성요건(소득세법 제94조 제1항 3호 가.목)의 입법취지로부터 나오는 불법유형의 본질적 요소이기 때문이다.

(3) 한정위헌

이렇게 상장주식양도세포탈행위가 적극적 소득은닉을 넘어 재산증식 및 변칙증여의 행위로 해석되는 것이 형법이론적으로 타당하다면, 헌법재판은 특가법 제8조의 위헌성을 판단함에 있어 —특가법 제8조 자체가 위헌이라거나 소득세법 제94조 제1항 3호 가.목을 요건으로 삼는 조세범처벌법 제9조 제1항에 적용되는 한 위헌이라는 결정을 하지 않는다고 할지라도— 재산증식과 변칙증여의 행위와 의사가 없는 상장주식양도세 회피행위에 적용되는 한 위헌이라는 한정위헌결정을 내리는 방향으로 나아가는 것이 타당하다.

3. 판결불소급원칙의 적용

차명거래에 의한 상장주식양도세포탈죄에 관한 유죄판결은 S그룹 사건이 처음으로 알려져 있다. 즉, 차명상속주식을 매각하여 여러 차명계좌로 분산입금하거나 지속적으로 현금으로만 출금하는 등의 행위는 처음으로 특가법상 조세포탈죄의 구성요건에 해당하는 사안유형으로 포섭된 것이라 할 수 있다.

(1) 구체적 법규범으로서의 판결

'어떤 구성요건에 해당하는 사안유형(포섭사안[23])을 법원이 확정한다는 것'은 곧 그 구성요건에 입력된 규범프로그램(Normprogramm)[24]을 돌려서 '구체적 법규범(konkrete Rechtsnorm)을 형성하는 것'이라 할 수 있다. 수범자들은 설령 조세포탈죄의 법문을 알고 있다고 할지라도 그 법문이 판결에 의해 형성되는 구체적 법규범에 정보화될 때 비로소 그 법문이 프로그래밍한 금지된 행위를 하지 않을 수 있다. 형법은 그럴 경우에만 그런 행위를 하지 말라는 경고기능을 발휘하고, (적극적) 일반예방의 기능도 수행할 수가 있다. 따라서 어떤 법령을 어떤 행위유형에 대해 처음 적용한다면, 그 사안의 당사자를 포함하여 그 판결 이전에 이루어진 같은 유형의 행위에 대하여 그 법령을 적용하지 않아야 한다. 이는 헌법 제13조 제1항 전단("모든 국민은 행위시의 법률에 의하여 범죄를 구성하지 아니하는 행위로 소추되지 아니하며…")과 형법 제1조 제1항("범죄의 성립과 처벌은 행위시의 법률에 의한다")의 "법률"을 판결에 의해 형성되는 '구체적 법규범'에 확장하여 적용한 결과가 된다. 이런 확장을 허용하지 않는다면, 법은 '법률'의 텍스트에 완벽하게 이미 마련되어 있는 것이라는 '법실증주의'의 진영에 다가설 수밖에 없다. 그런 법실증주의의 이상이 이미 깨진 지 오래되었다는 점은 누구나 안다.

---

23) 이 개념에 관해서는 이상돈, 『새로쓴 법이론』 (세창출판사, 2005), 49, 137, 225, 228, 281쪽.

24) 이 개념을 창설한 Friedrich Müller, 『Juristische Methodik』 (Heidelberg, 1978) 참조.

(2) 불소급원칙의 적용

그렇기 때문에 우리나라 학계의 다수견해[25]는 기존의 판례를 피고인에게 불리하게 변경할 때에 그 변경된 입장은 그 판결 이후에만 적용되어야 한다는 '판례변경불소급'의 원칙을 인정한다. 이 원칙은 예컨대 "판례변경예고제나 서구법의 판례변경시 사용하는 중간예고제(obiter dictum)"[26]나 "장래효력원칙"(Von-nun-an-Klausel[27] 또는 prospective overruling[28])으로 표현된다. 이와 같은 판례변경예고제는 어떤 법률을 특정한 행위유형에 대하여 처음 적용할 경우에도 확장되어야 한다. 판례변경예고제도의 가장 중요한 근거도 새로운 행위유형의 적용과 마찬가지로 판결에 의해 형성되는 형법규범의 경고기능과 적극적 일반예방의 기능이 탈락한다는 점[29]에 있기 때문이다.

---

25) 학계의 다수견해와 소수견해에 대한 현황분석으로는 하태영, 『형사철학과 형사정책』(법문사, 2008), 293~308쪽 참조.

26) 김일수, "형법상 문서와 복사문서의 문서성"(『고시연구』, 1992.2.), 252쪽; "일인회사의 주주겸 대표이사의 업무상 배임" (『고려대 판례연구』 제3집, 1986), 41~81쪽, 특히 78쪽 참조.

27) H.-L. Schreiber, "Rückwirkungsverbot bei einer Änderung der Rechtsprechung im Strafrecht," *JZ* (1973), 713쪽 아래 참조. Schreiber에 의하면 판례를 피고인에게 불리하게 변경할 때에는 그 판결의 공시 이후에 발생하는 장래의 사건에 대해서만 적용하여 하고, 이 장래효력조항에 의해 판결주문에서 형을 면제하여야 한다.

28) 이런 표현으로 장영민, "판례변경의 소급효(I)" (이화여대 『법학논집』 제4권 제4호, 2000), 39~45(44)쪽 참조.

29) 이런 근거에 관해 자세한 논의로 하태영, 『형사철학과 형사정책』(법문사, 2008), 특히 312~319쪽 참조. 이 외에도 '신뢰보호원칙'(Vertrauensschutzprinzip)을 드는 이정원, 『형법총론』(법지사, 2001), 38쪽; 신동운, 『형법총론』(법문사, 2006), 41~43쪽 등과 법적 안정성을

물론 우리나라 판례[30]는 판례변경불소급원칙을 인정하지 않는다. 학계의 일부 입장도 이와 같다. 하지만 이런 입장은 법원이 어떤 법률을 어떤 사안에 적용하는 것이 실천이성에 의해 예측 가능한 경우에만 타당하다. 거꾸로 보면, 어떤 법률을 어떤 행위유형에 처음 적용한다고 하여 언제나 장래효력원칙이 관철되지 않음을 의미한다. 즉 법률텍스트의 '일반적 이해 가능한'(allgemeinverständlich) 의미에 의해 포섭이 가능한 행위유형이라면 비록 법률이 그 유형에 처음 적용되는 경우라고 할지라도 당해 사건부터 판결에 의해 구체화되는 법규범은 효력을 발생한다.

그러나 상속받은 차명주식의 매도와 분산입금 및 현금인출 등이 "사기 기타 부정한 방법"에 해당하는지는 실천이성에 의해 누구나 알 수 있는 것이 아니다. 특히 유사한 상속재산의 조세포탈이 문제되었던 또 다른 Sh그룹 등의 경우에는 국세청이 고발조치를 하지 않음으로써 사실상 종결되었던 사정을 고려하면 S그룹 사건의 판결이 확정되기 전까지는 입출금을 반복하는 상장주식의 차명거래는 오히려 조세포탈에 해당하지 않은 행위라고 법정보화가 이루어진 측면까지 있다. 따라서 소급효금지원칙을 엄격하게 적용한다면, S그룹 사건의 판결이 확정된 이후 발생한 동일한 유형의 사건에 대하여 비로소 조세포탈죄를 적용할 때 판결불소급원칙에 위배되지 않는다.

드는 이형국, 『형법총론』 (법문사, 1997), 46쪽; 정성근 · 박광민, 『형법총론』 (삼지원, 2001), 18쪽 등을 참조.

30) 대판 1999.7.15, 95도2870(전원합의체); 1999.9.17, 97도3349.

IV. 양형기준의 절차법적 설계

상장주식양도세회피에 대한 특가법상 조세포탈죄의 적용을 최대한 제한하는 두 번째 방안은 절차법적 차원에서 마련될 수 있다. 가령 국세청이 조세포탈자가 자진납부를 하면 고발하지 않거나 통고처분절차로 이행하여 조세포탈사건을 종결짓는 업무관행에 상응하는 바를 검사가 특가법을 적용하는 절차에서도 하게 하는 (넓은 의미에서 양형의) 기제를 만들 필요가 있다. 특히 주식양도세포탈 뒤에 자진납부함으로써 결과불법이 회복되는 경우에는 주식양도세포탈죄의 위헌성을 고려할 때 특가법의 적용을 최대한 자제할 필요가 있다. 자진납부는 작량감경(제53조)의 사유가 되고, 아울러 자진납부와 함께 수사기관에게도 그 내용을 신고하였다면[31] 자수(형법 제52조 제1항)에 의한 형의 감경 또는 면제가 인정된다는 점도 함께 고려해야 한다.

1. 자진 납부한 경우의 처리기준

아래 도표는 주식양도세포탈죄가 적극적 소득은닉을 넘어 '재산을 증식하는 행위'일 때에 성립한다는 해석을 전제로 그런 기제를 설계하고 있다. 이 도표에서 가로 변은 적극적 소득은

31) 판례에 의하면 "자수라 함은 범인이 스스로 수사책임이 있는 관서에 자기의 범행을 자발적으로 신고하고 그 처분을 구하는 의사표시를 말하고, 가령 수사기관의 직무상의 질문 또는 조사에 응하여 범죄사실을 진술하는 것은 자백일 뿐 자수로는 되지 않는다"(대법원 1992.8.14.선고, 92도962판결 등 참조).

닉행위보다 재산증식행위 그리고 변칙증여행위의 성격까지 띠게 될 때 형사책임의 양(양형책임)이 증가함을 보여주고, 세로변은 자진납부시기가 늦을수록 양형책임이 증가함을 보여준다.

(1) 재산증식행위가 아닌 적극적 소득은닉행위인 경우

첫째, 상장주식양도세회피가 재산증식행위가 아니고 적극적 소득은닉행위에 그친 경우에 자진납부가 수사개시 전이면 불입건, 수사개시 후 공소제기 전이면 불기소처분, 공소제기 후면 무죄판결을 내려야 한다.

양형책임의 증가 →

(세로축: ↑ 양형책임의 증가)

조세회피 행태 / 자진 납부시기	㉢ 적극적 소득은닉	㉢ + ㉣ (은닉)(재산증식)	㉢ + ㉣ + ㉤ (은닉)(증식)(변칙증여)
공소제기 후	무죄판결 (범죄불성립)	③ 징역(집행유예) + 벌금 (선고유예)	④ 징역(집행유예) + 1배의 벌금
수사개시 후 공소제기 전	불기소처분 (범죄불성립)	① 불기소처분 (기소유예)	② 조건부 기소유예
수사개시 전	불입건	불입건	입건

(2) 소득은닉 및 재산증식행위인 경우

둘째, 상장주식양도세회피행위가 소득은닉 및 재산증식행위였던 경우에는 자진납부가 수사개시 전이었으면 수사기관은 불입건하고, 수사개시 후 공소제기 전이었으면 검사는 기소유예처분하고, 공소제기 후이었다면 수소법원은 집행유예부 징역형과 선고유예부 벌금형을 병과한다.

(3) 소득은닉, 재산증식 및 변칙증여행위인 경우

셋째, 상장주식양도세회피행위가 소득은닉, 재산증식 및 변칙증여의 행위였던 경우에는 자진납부가 수사개시 전이었어도 수사기관은 입건을 하고, 수사개시 후 공소제기 전이었다면 검사는 조건부(예: 사회공헌기부)로 기소유예하며, 공소제기 후였다면 역시 (작량감경을 적용하여) 집행유예부 징역형과 (작량감경할 경우 최하한선인) 포탈세액의 1배의 벌금형을 병과하는 조치를 취한다.

2. 처리기준의 변경

이렇게 잠정적으로 설계된 처리기준은 두 가지 구조적 요인에 의해 변경될 수 있다.

(1) 추징당한 경우

첫째, 자진납부가 아니라 국세청의 조사를 받고 발각되어 비로소 납부하였고 국세청이 고발하지 않은 경우에는 이 전의 조치를 한 단계씩 높일 수 있다. 예컨대 ①→②, ②→(기소하여)→③, ③→④로 각 한 단계 높이고 ④의 경우는 (작량감경할 경우 최상한선으로) 포탈세액의 2.5배 정도 규모의 벌금 정도를 병과하는 양정을 할 수 있다.

(2) 변칙증여를 요건을 할 경우

둘째, 상장주식양도세포탈죄는 소득은닉과 재산증식 이외에 변칙증여행위이어야 한다는 해석을 취할 수 있다. 이럴 경우에 위 표에서 ④→③, ③→②, ②→①, ①→(협의의 불기소처분)으로 각각 제재의 강도가 한 단계씩 낮아질 수 있다.

3. 조세당국의 고발기준

이러한 처리기준에 의하면 특가법상 조세포탈죄 사건이라 할지라도[32] 조세당국은 정상을 고려할 때 징역형이 예상되는 ③, ④의 경우에만, 최대한으로는 기소유예의 조건부과를 위해 ②의 경우까지만 고발을 하고, 그 밖의 경우에는 고발을 하지 않는 것이 합리적인 고발결정이 된다.

---

32) 특가법사건이라고 해서 모든 사안에 고발의무가 존재하는 것은 아니라는 점에 대한 자세한 논의는 앞의 [4].IV.3.(2) 참조.

【부 록】

조세범처벌법

[일부개정 2008.3.14. 법률 제8884호]

제1장 총 칙

제1조 조세에 관한 법률(이하 단순히 법이라 칭한다)에 위반한 자에 대하여서는 이 법에 의하여 처벌한다.<개정 1967.11.29.>

제2조 이 법에서 조세라 함은 국세를 말한다. 다만, 관세를 제외한다.<개정 1956.12.31, 1961.12.8, 1967.11.29, 1976.12.22.>

제3조 법인의 대표자, 법인 또는 개인의 대리인, 사용인, 기타의 종업인이 그 법인 또는 개인의 업무 또는 재산에 관하여 이 법에 규정하는 범칙행위를 한 때에는 행위자를 벌하는 외에 그 법인 또는 개인에 대하여서도 각 본조의 벌금형에 처한다. 다만, 국세기본법에 의한 과점주주가 아닌 행위자에 대하여서는 정상에 의하여 그 형을 감면할 수 있다.<개정 1967.11.29, 1976.12.22.>

제4조(형법적용의 일부 배제〈신설 1994.12.22.〉) ① 제8조 내지 제11조·제12조의2와 제12조의3 제3항의 범칙행위를 한 자에 대하여는 형법 제9조, 제10조 제2항, 제11조, 제16조, 제32조 제2항 및 제38조 제1항 제2호 중 벌금경합에 관한 제한가중규정을 적용하지 아니한다. 다만, 징역의 형에 처할 때에는 예외로 한다.<개정 1967.11.29.>
② 제11조의2 및 제11조의3의 범칙행위를 한 자에 대하여는 형법 제38조 제1항 제2호 중 벌금경합에 관한 제한가중규정을 적용하지 아니한다. <신설 1994.12.22, 2008.3.14.>
[전문개정 1961.12.8.]

제5조(징역과 벌금의 병과〈신설 1994.12.22.〉) 제8조, 제9조, 제11조의2 제4항 및 제5항, 제11조의3, 제12조의2 및 제12조의3 제2항 및 제3항의 범칙행위를 한 자에 대하여는 정상에 의하여 징역과 벌금을

병과할 수 있다. <개정 1956.12.31, 1961.12.8, 1962.12.8, 1967.11.29, 1994. 12.22, 2008.3.14.>

제6조(고발〈신설 1994.12.22.〉) 이 법의 규정에 의한 범칙행위는 국세청장・지방국세청장, 세무서장 또는 세무에 종사하는 공무원의 고발을 기다려 논한다. 다만, 제12조의2 제2호 또는 제15조의 범칙행위에 대하여는 예외로 한다.<개정 1961.12.8, 1967.11.29, 1994.12.22.>

제7조 좌의 각호의 1에 해당하는 것으로서 제조자 또는 판매자가 소지하는 물품은 이를 몰취할 수 있다.<개정 1954.4.14.>

1. 법에 의한 면허를 받지 아니하고 제조한 물품
2. 전호의 물품제조에 공한 기계, 기구 또는 용기
3. 법에 의한 납세필증인의 압날 또는 납세의 사실을 증명하는 일정한 표시를 하지 아니한 물품

제2장 범칙행위

제8조(무면허주류제조〈신설 1994.12.22.〉) ① 법에 의한 면허를 받지 아니하고 주류, 밑술・술덧을 제조(개인의 자가소비를 위한 제조를 제외한다) 또는 판매한 자는 3년 이하의 징역 또는 300만원 이하의 벌금에 처한다. 다만, 밑술 및 술덧은 탁주로 간주한다. 이 경우에 당해주세상당액의 3배의 금액이 300만원을 초과할 때에는 그 초과한 금액까지 벌금을 과할 수 있다.<개정 1967.11.29, 1974.12.24, 1990.12.31, 1993.12.31, 1994.12.22.>

② 삭제 <1994.12.22.>

③ 제1항의 경우에 있어서 그 제조물품에 대한 세액은 제조자로부터 즉시 징수한다.<개정 1994.12.22.>

[전문개정 1961.12.8.]

제9조 ① 사기 기타 부정한 행위로써 조세를 포탈하거나 조세의 환급・공제를 받은 자는 다음 각호에 의하여 처벌한다. 단, 주세포탈의 미수범은 처벌한다. <개정 1962.12.8, 1965.4.3, 1967.11.29, 1970. 1.1, 1974.12.24, 1976.12.22, 1980.12.31, 1993.12.31, 2006.12.30, 2007.12.31.>

1. 개별소비세・주세 또는 교통・에너지・환경세의 경우에는 3년

이하의 징역 또는 포탈세액, 환급·공제받은 세액의 5배 이하에 상당하는 벌금에 처한다.

2. 인지세의 경우에는 증서·장부 1개마다 포탈세액의 5배 이하에 상당하는 벌금 또는 과료에 처한다.
3. 제1호 및 제2호에 규정한 이외의 국세의 경우에는 3년 이하의 징역 또는 포탈세액이나 환급·공제받은 세액의 3배 이하에 상당하는 벌금에 처한다.

② 전항의 경우에 있어서 포탈하거나 포탈하고자 한 세액 또는 환급·공제를 받은 세액은 즉시징수한다.<개정 1976.12.22.>

[전문개정 1961.12.8.]

제9조의2 다음 각호에 게기하는 소득금액은 사기 기타 부정한 행위로 인하여 생긴 소득금액으로 보지 아니한다.<개정 1974.12.24, 1980.12.31.>

1. 법에 의한 소득금액결정에 있어서 세무회계와 기업회계와의 차이로 인하여 생긴 금액
2. 법인세의 과세표준을 법인이 신고하거나 정부가 결정 또는 경정함에 있어서 그 법인의 주주·사원·사용인 기타 특수한 관계에 있는 자의 소득으로 처분된 금액

[본조신설 1961.12.8.]

제9조의3 제9조에 규정하는 포탈범칙행위의 기수시기는 다음의 각호에 의한다.<개정 1967.11.29, 1974.12.24, 1980.12.31.>

1. 납세의무자의 신고에 의하여 부과징수하는 조세에 있어서는 당해세목의 과세표준에 대한 정부의 결정 또는 조사결정을 한 후 그 납부기한이 경과한 때. 다만, 납세의무자가 조세를 포탈할 목적으로 법에 의한 과세표준을 신고하지 아니함으로써 당해 세목의 과세표준을 정부가 결정 또는 조사결정을 할 수 없는 경우에는 당해 세목의 과세표준의 신고기한이 경과한 때
2. 전호의 규정에 해당하지 아니하는 조세에 있어서는 그 신고·납부기한이 경과한 때

[본조신설 1962.12.8.]

제10조 납세의무자가 정당한 사유 없이 1회계연도에 3회 이상 체납하

는 경우에는 1년 이하의 징역 또는 체납액에 상당하는 벌금에 처한다.<개정 1956.12.31, 1961.12.8, 1974.12.24.>

제11조 조세의 원천징수의무자가 정당한 사유 없이 그 세를 징수하지 아니하거나 징수한 세금을 납부하지 아니하는 경우에는 1년 이하의 징역 또는 그 징수하지 아니하였거나 납부하지 아니한 세액에 상당하는 벌금에 처한다.<개정 1956.12.31, 1961.12.8.>

제11조의2(세금계산서 교부 의무위반등〈신설 1994.12.22.〉) ① 부가가치세법의 규정에 의하여 세금계산서를 작성하여 교부하여야 할 자와 매출처별세금계산서합계표를 정부에 제출하여야 할 자가 다음 각 호의 어느 하나에 해당하는 경우에는 1년 이하의 징역 또는 공급가액에 부가가치세의 세율을 적용하여 계산한 세액의 2배 이하에 상당하는 벌금에 처한다. <개정 2004.12.31.>

1. 세금계산서를 교부하지 아니하거나 허위기재하여 교부한 경우
2. 매출처별세금계산서합계표를 허위기재하여 제출한 경우

② 부가가치세법의 규정에 의하여 세금계산서를 교부받아야 할 자와 매입처별세금계산서합계표를 정부에 제출하여야 할 자가 폭행·협박·선동·교사 또는 통정에 의하여 세금계산서를 교부받지 아니하거나 허위기재의 세금계산서를 교부받은 때 또는 허위기재한 매입처별세금계산서합계표를 제출한 때에는 3년 이하의 징역 또는 100만원 이하의 벌금에 처한다. <개정 1994.12.22, 2004.12.31.>

③ 제2항 외의 자가 세금계산서를 작성하여 교부하여야 할 자로 하여금 세금계산서를 교부하지 아니하게 하거나 허위의 기재를 하게 할 목적 또는 매출처별세금계산서합계표를 정부에 제출할 자로 하여금 매출처별세금계산서합계표를 허위기재하여 제출하게 할 목적으로 폭행·협박·선동·교사한 때에도 제2항과 같다. <개정 2004.12.31.>

④ 부가가치세법의 규정에 의한 재화 또는 용역을 공급하지 아니하고 다음 각 호의 어느 하나에 해당하는 행위를 한 자는 3년 이하의 징역 또는 그 세금계산서 및 계산서에 기재된 공급가액이나 매출처별세금계산서합계표·매입처별세금계산서합계표에 기

재된 공급가액 또는 매출처별계산서합계표·매입처별계산서합계표에 기재된 매출·매입금액에 부가가치세의 세율을 적용하여 계산한 세액의 2배 이하에 상당하는 벌금에 처한다. <개정 2004.12.31.>

1. 부가가치세법의 규정에 의한 세금계산서를 교부하거나 교부받은 행위
2. 소득세법 및 법인세법의 규정에 의한 계산서를 교부하거나 교부받은 행위
3. 부가가치세법의 규정에 의한 매출·매입처별세금계산서합계표를 허위기재하여 정부에 제출한 행위
4. 소득세법 및 법인세법의 규정에 의한 매출·매입처별계산서합계표를 허위기재하여 정부에 제출한 행위

⑤ 제4항의 행위를 알선하거나 중개한 자도 제4항의 형과 같다. <신설 1994.12.22.>

[본조신설 1976.12.22.]

제11조의3(근로소득 원천징수영수증 거짓 기재 교부 등) ① 근로를 제공받지 아니하고 다음 각 호의 어느 하나에 해당하는 행위를 한 자는 3년 이하의 징역 또는 그 원천징수영수증 및 지급명세서에 기재된 총급여·총지급액의 100분의 20 이하에 상당하는 벌금에 처한다.

1. 근로소득 원천징수영수증을 거짓 기재하여 타인에게 교부한 행위
2. 근로소득 지급명세서를 거짓 기재하여 정부에 제출한 행위

② 제1항의 행위를 알선하거나 중개한 자도 제1항의 형과 같다.

[본조신설 2008.3.14.]

제12조 ① 체납자 또는 체납자의 재산을 점유하는 자가 조세를 면탈할 또는 면탈케 할 목적으로써 그 재산을 장닉탈루하거나 또는 허위의 계약을 하였을 때에는 2년 이하의 징역에 처한다.

② 압수물건의 보관자가 그 보관한 물건을 장닉탈루, 소비 또는 훼손하였을 때에도 전항과 같다.<개정 1961.12.8.>

③ 그 정을 알고 전2항의 행위를 방조하거나 제1항의 허위의 계약을 승낙한 자는 1년 이하의 징역에 처한다.

제12조의2(납세증명표지의 불법사용 등〈신설 1994.12.22.〉) 다음 각 호의 1에 해당하는 자는 2년 이하의 징역 또는 200만원 이하의 벌금에 처한다.<개정 1967.11.29, 1969.7.31, 1974.12.24, 1994.12.22.>

1. 법에 의한 납세증명표지를 재사용하거나 정부의 승인을 받지 아니하고 이를 타인에게 양도한 자
2. 법에 의한 납세증명표지를 위조 또는 변조한 자
3. 위조 또는 변조한 법에 의한 납세증명표지를 소지 또는 사용하거나 타인에게 교부한 자
4. 삭제 <1994.12.22.>
5. 삭제 <1994.12.22.>
6. 삭제 <1994.12.22.>
7. 타인의 조세에 관하여 정부에 허위의 신고를 한 자
8. 소인된 인지를 재사용한 자
9. 삭제 <1974.12.24.>
10. 삭제 <1974.12.24.>

[본조신설 1961.12.8.]

제12조의3(기장의무위반 등〈신설 1994.12.22.〉) ① 부가가치세법(동법 제25조의 규정에 의하여 과세특례의 적용을 받는 자는 제외한다)·「개별소비세법」·주세법 또는 「교통·에너지·환경세법」의 규정에 의한 장부를 비치, 기장하여야 할 자가 그 장부를 비치, 기장하지 아니한 때에는 50만원 이하의 벌금에 처한다.<개정 1970.1.1, 1974.12.24, 1976.12.22, 1980.12.31, 1993.12.31, 2006.12.30, 2007.12.31.>

② 조세포탈을 위한 증거인멸의 목적으로 다른 세법이 비치를 요하는 장부 또는 증빙서류를 당해 국세의 법정신고기한이 경과한 날부터 5년 이내에 소각·파기 또는 은닉한 자는 2년 이하의 징역 또는 500만원 이하의 벌금에 처한다.<개정 1965.4.3, 1967.11.29, 1994.12.22.>

③ 법인의 결손금액을 과대계상한 자는 2년 이하의 징역 또는 과대 계상한 결손금액을 과세소득금액으로 보아 계산한 산출세액의 3배 이하에 상당하는 벌금에 처한다.<개정 1976.12.22.>

④ 제9조의2와 제9조의3의 규정은 전항의 경우에 이를 준용한

다.<신설 1967.11.29.>

[본조신설 1962.12.8.]

제13조(명령사항위반 등〈신설 1994.12.22.〉) 다음 각 호의 1에 해당하는 자는 50만원 이하의 벌금 또는 과료에 처한다. <개정 1962.12.8, 1967.11.29, 1969.7.31, 1974.12.24, 1976.12.22, 1994.12.22, 2008.3.14.>

1. 다음 각 목의 어느 하나에 해당하는 명령사항을 위반한 자
   가. 「주세법」 제40조에 따른 주세보전명령
   나. 「주세법」 제44조에 따른 납세증명표지에 관한 명령
   다. 「개별소비세법」 제25조 및 「교통·에너지·환경세법」 제21조에 따른 납세보전을 위한 명령
   라. 「소득세법」 제79조에 따른 사업장현황의 조사·확인을 위한 명령
   마. 「소득세법」 제170조, 「법인세법」 제122조, 「상속세 및 증여세법」 제84조, 「종합부동산세법」 제23조 또는 「자산재평가법」 제31조 제1항에 따른 제출명령
   바. 「부가가치세법」 제35조 제2항에 따른 납세보전 또는 조사를 위한 명령
   사. 「소득세법」 제162조의2 제5항에 따른 신용카드가맹점에 대한 명령
   아. 「소득세법」 제162조의3 제6항에 따른 현금영수증가맹점에 대한 명령
   자. 「조세특례제한법」 제107조 제5항에 따른 부정유통 방지를 위한 명령
2. 법에 의한 신고 또는 고지에 있어서 고의로 이를 태만하거나 허위의 신고 또는 고지를 한 자
3. 재산에 관하여 허무인 명의를 사용한 납세의무자 또는 그 정을 알고 이에 협력한 자
4. 법에 의한 지급조서, 계산서 또는 보고서를 제출하지 아니하거나 허위의 기재를 한 자
5. 법에 의한 장부 또는 요금영수증에 허위의 기재를 하거나 장부나 요금영수증을 은닉한 자

6. 법에 의한 검사 또는 승인을 받지 아니한 자
7. 미납세로 반출한 물품 또는 면세한 물품을 고의로 지정한 장소에 입고하지 아니하거나 소정용도에 사용 또는 수출하지 아니한 자
8. 법에 위반하여 검정을 받지 아니한 기계, 기구 또는 용기를 사용한 자
9. 세무에 종사하는 공무원의 질문에 대하여 허위의 진술을 하거나 그 직무집행을 거부 또는 기피한 자
10. 법에 의한 납세증명표지가 첩용되어 있지 아니한 주류, 정부의 면허 없이 제조한 주류 또는 면세한 주류를 판매의 목적으로 소지하거나 판매한 자
11. 법에 위반하여 주유를 구입, 사용 또는 소지하거나 제조장으로부터 출고한 자
12. 인지를 첩용함에 있어서 소인하지 아니한 자
13. 법에 의한 사업자등록 또는 그 등록정정의 신청을 하지 아니하거나 사업자등록검열을 받지 아니한 자

[전문개정 1961.12.8.]

[2008.3.14. 법률 제8884호에 의하여 2007.5.31. 헌법재판소에서 위헌결정된 이 조 제1호를 개정함.]

제13조의2(명의대여사업자 등 처벌) 조세의 회피 또는 강제집행의 면탈을 목적으로 타인의 성명을 사용하여 사업자등록을 한 자 및 타인에게 자신의 성명을 사용하여 사업자등록을 할 것을 허락한 자는 50만원 이하의 벌금 또는 과료에 처한다.

[본조신설 2008.3.14.]

제14조 ① 납세의무자로 하여금 과세표준의 신고(신고의 수정을 포함한다. 이하 신고라 칭한다)를 하지 아니하게 하거나 허위의 신고를 하게 하거나 조세의 징수나 납부를 하지 않을 것을 선동 또는 교사한 자는 2년 이하의 징역 또는 50만원 이하의 벌금에 처한다.<개정 1954.4.14, 1961.12.8, 1974.12.24.>

② 납세의무자로 하여금 신고를 하지 아니하게 하거나 허위의 신고를 하게 하거나 또는 조세의 징수나 납부를 하지 아니하게 할

목적으로 폭행 또는 협박을 가한 자는 3년 이하의 징역 또는 100만원 이하의 벌금에 처한다.<개정 1954.4.14, 1961.12.8, 1974.12.24.>

제15조 세무공무원으로서 형법 중 공무원의 직무에 관한 죄를 범하였을 경우에는 그 죄에 정한 형의 장기의 3분의 1까지 가중처벌할 수 있다.

[전문개정 1961.12.8.]

제16조 삭제 <1961.12.8.>

제17조(공소시효기간) 제8조 내지 제12조 · 제12조의2 · 제12조의3 제2항 및 제3항과 제14조에 규정한 범칙행위의 공소시효는 5년, 제12조의3 제1항과 제13조에 규정한 범칙행위의 공소시효는 2년을 경과함으로써 완성한다.

[전문개정 1994.12.22.]

부 칙 <제199호, 1951.5.7.> <개정 1994.12.22.>

제18조 본 법은 공포일로부터 30일 경과한 후 시행한다.

제19조 단기 4248년 제령 제4호 조세에 관하여 사범이 있을 때의 처벌에 관한 건은 이를 폐지한다.

제20조 소득세법 중 제9장 벌칙 제60조 내지 제64조의2, 지세법 중 제35조 내지 제39조, 법인세법 중 제35조 내지 제37조, 영업세법 중 제25조 내지 제27조, 통행세법 중 제11조, 상속세법 중 제31조 내지 제34조, 증여세법 중 제16조 내지 제18조, 주세법 중 제4장 제46조 · 제5장 벌칙 제47조 내지 제53조, 유흥음식세법 중 제11조 내지 제13조 · 제15조 내지 제17조, 입장세법 중 제12조 내지 제17조 전기까스세법 중 제15조와 제16조, 마권세법 중 제8조 내지 제10조, 인지세법 중 제7조 내지 제11조, 직물세법 중 제18조 내지 제23조, 물품세법 중 제29조 내지 제35조, 국세징수법 중 제4장 벌칙 제44조의 규정은 이를 삭제한다.

제21조 본법 시행 진의 행위에 의한 범칙사건에 내하여서는 종전의 례에 의한다.

조세범처벌절차법

[일부개정 1999.12.31. 법률 제6071호]

제1조 본법은 조세에 관한 범칙사건(이하 범칙사건이라 칭한다)을 간편 신속하게 처리함을 목적으로 한다.

제2조 세무에 종사하는 공무원(이하 세무공무원이라 칭한다)이 범칙사건을 조사하기 위하여 필요한 때에는 범칙혐의자나 참고인을 심문, 압수 또는 수색할 수 있다.

제3조 ① 세무공무원이 범칙 사건을 조사하기 위하여 압수 또는 수색을 할 때에는 법원이 발한 수색영장이 있어야 한다. 단, 범칙행위가 현행중이거나 범칙혐의자가 도피 또는 증거를 인멸할 우려가 있어 긴급을 요하는 경우에는 사후에 영장교부를 신청할 수 있다.

② 전항 단서의 경우에는 특별시 및 광역시(군지역을 제외한다)와 법원이 있는 시, 군에 있어서는 압수한 때부터 48시간 이내에, 법원이 없는 시, 군에 있어서는 5일 이내에 법원으로부터 영장을 얻어야 한다. 그 기간 내에 영장을 얻지 못한 경우에는 압수한 물건을 즉시 압수당한 본인에게 환부하여야 한다.<개정 1997.12.13.>

제4조 형사소송법 중 압수, 수색과 수색영장에 관한 규정은 본법에 규정된 압수, 수색과 수색영장에 준용한다.

제5조 세무공무원이 심문, 수색, 압수 또는 영치를 한 때에는 그 전말을 기재하여 입회인 또는 심문을 받은 자에게 확인을 시킨 후 그와 함께 서명날인하여야 한다. 입회인 또는 심문을 받은 자가 서명날인을 하지 아니하거나 할 수 없을 때에는 그 사유를 부기하여야 한다.

제6조 ① 범칙사건의 증빙취집은 국세청, 사건발견지를 소관하는 지방국세청 또는 세무서의 세무공무원이 행한다.<개정 1966.3.8.>

② 국세청 세무공무원이 취집한 증빙은 소관지방국세청의 세무공무원에게, 지방국세청 세무공무원이 취집한 증빙은 소관세무서의 세무공무원에게 인계하여야 한다.<개정 1966.3.8.>

③ 국세청장은 국세청·지방국세청 또는 세무서의 세무공무원이, 지방국세청장은 지방국세청 또는 세무서의 세무공무원이 증빙을 취집한 사건 중 중요한 것에 한하여 전2항의 규정에 불구하고 직접 처리할 수 있다.<개정 1966.3.8.>

④ 동일범칙사건에 관한 증빙이 수개장소에서 발견된 때에는 각 발견지에서 취집한 증빙은 최초의 발견지소관세무서의 세무공무원에게 인계하여야 한다.

⑤ 국세청·지방국세청 또는 세무서 이외의 기관과 그 소속공무원이 인지한 범칙사건은 국세청장·소관지방국세청장 또는 세무서장에게 지체 없이 인계하여야 한다.<신설 1962.12.8, 1966.3.8.>

제7조 ① 세무공무원이 전각 조에 의하여 심문, 수색, 압수 또는 영치를 함은 그 소속관서의 관할구역내에 한한다. 단, 이미 착수한 범칙사건에 관련하여 타 지방국세청 또는 세무서의 관할구역에서 심문, 수색, 압수 또는 영치를 함을 필요로 하는 때에는 예외로 한다.<개정 1966.3.8.>

② 세무서장은 그 관할구역 외에서 범칙사건의 조사를 필요로 하는 때에는 당해 지역을 관할하는 세무서장에게 위촉할 수 있다.

③ 지방국세청장은 관할구역 외에 있어서 범칙사건의 조사를 필요로 하는 때에는 당해 지역을 관할하는 지방국세청장 또는 세무서장에게 위촉할 수 있다.<개정 1966.3.8.>

제7조의2 ① 국세청장·지방국세청장 또는 세무서장은 범칙사건을 조사하기 위하여 필요할 때에는 다른 국가기관에 대하여 협조를 요구할 수 있다.<개정 1966.3.8.>

② 전항의 규정에 의하여 협조의 요구를 받는 자는 이에 응하여야 한다.

[본조신설 1962.12.8.]

제8조 세무공무원이 범칙사건의 조사를 완료한 때에는 국세청장·지방국세청장 또는 세무서장에게 보고하여야 한다. 단, 좌의 경우에

있어서는 즉시 고발할 수 있다.<개정 1966.3.8.>

1. 범칙혐의자의 거소가 분명하지 아니한 때
2. 범칙혐의자가 도주할 우려가 있을 때
3. 증거인멸의 우려가 있을 때

제9조 ① 국세청장·지방국세청장 또는 세무서장은 범칙사건의 조사에 의하여 범칙의 심증을 얻은 때에는 그 이유를 명시하여 벌금 또는 과료에 상당하는 금액, 몰수 또는 몰취에 해당하는 물품추징금에 상당하는 금액과 서류송달, 압수물건의 운반보관에 요하는 비용을 지정한 장소에 납부할 것을 통고하여야 한다. 단, 몰수 또는 몰취에 해당하는 물품에 대하여는 납부의 신립만을 할 것을 통고할 수 있다.<개정 1966.3.8.>

② 범칙자가 통고대로 이행할 자력이 없다고 인정되는 때에는 전항의 통고를 요하지 아니하고 즉시 고발하여야 한다.

③ 정상징역형에 처할 것으로 사료되는 때에도 또한 전항과 같다.

제10조 전조 제1항의 통고가 있을 때에는 공소의 시효는 중단된다.

제11조 범칙자가 통고대로 이행한 때에는 동일한 사건에 대하여 소추를 받지 아니한다. 제9조 제1항 단서에 의한 통고에 대하여 범칙자가 통고대로 이행한 경우에 있어서 몰취에 해당하는 물품을 소지하는 때에는 공매 기타 필요한 처분을 할 때까지 이를 보관할 의무가 있다.

제12조 ① 범칙자가 통고를 받은 날로부터 15일 이내에 이행하지 아니할 때에는 국세청장·지방국세청장 또는 세무서장은 고발의 절차를 밟아야 한다. 단, 15일을 경과하여도 고발하기 전에 이행한 때에는 예외로 한다.<개정 1961.12.2, 1966.3.8.>

② 범칙자의 거소가 분명하지 아니하거나 범칙자가 서류의 수령을 거부함으로 인하여 통고할 수 없을 때에도 또한 전항과 같다.

제13조 ① 범칙사건을 고발한 경우에 있어서 압수물건이 있는 때에는 압수목록을 첨부하여 검사에게 인계하여야 한다.

② 전항의 압수물건으로서 소유자, 소지자 또는 시, 군이 보관하는 것에 대하여는 보관증으로써 인계하고 압수물건을 인계하였다

는 것을 보관자에게 통지하여야 한다.<개정 1961.12.2.>

제14조 국세청장·지방국세청장 또는 세무서장이 범칙사건을 조사하여 범칙의 심증을 얻지 못한 때에는 그 뜻을 범칙혐의자에게 통지하고 물건의 압수를 하였을 때에는 그 해제를 명하여야 한다. <개정 1961.12.2, 1966.3.8.>

제15조 본법에 규정한 세무공무원의 한계는 각령으로 정한다.

제16조(포상금의 지급) 국세청장은 조세범처벌법에 위반한 자의 포탈세액 또는 환급·공제받은 세액을 산정하거나 처벌을 함에 있어서 중요한 자료를 제공한 자에 대하여는 대통령령이 정하는 바에 따라 1억원의 범위 안에서 포상금을 지급할 수 있다. 다만, 공무원이 그 직무와 관련하여 자료를 제공한 때에는 포상금을 지급하지 아니한다.

[전문개정 1999.12.31.]

부 칙 <제200호, 1951.5.7.>

제17조 본법은 공포일로부터 30일을 경과한 후 시행한다.

제18조 조선간접국세범칙자처분령은 폐지한다.

제19조 소득세법 제54조의2, 법인세법 제34조의1의 규정과 영업세법 제27조 중 "소득세법 제54조의2"는 삭제한다.

제20조 본법은 본법 시행 전에 발생한 사건에 대하여서도 적용한다.

전항의 규정은 본법 시행 전 조선간접국세범칙자처분령에 의하여 행한 수속의 효력을 조지하지 아니한다.

본법 시행 전 조선간접국세범칙자처분령에 의하여 행한 수속으로서 본법 중 이에 상당한 규정이 있는 것은 본법에 의하여 행한 것으로 간주한다.

| 찾아보기 |

ㅅ

ㅈ

ㅊ

ㅌ

ㅍ

ㅎ

《 저자약력 》

1961 서울 출생
1977 중앙중학교 졸업
1980 서울고등학교 졸업
1984 고려대학교 법과대학 졸업(법학사)
1986 고려대학교 대학원 법학과 수료(법학석사)
1991 독일 프랑크푸르트 대학교 대학원 수료(Dr. jur. 법학박사)
현재 고려대학교 법과대학 정교수

조세형법론

2009년 2월 15일 초판 인쇄
2009년 2월 20일 초판 발행

저 자 이 상 돈
발행인 이 방 원
발행처 세창출판사
서울 서대문구 냉천동 182 냉천빌딩 4층
전화 723-8660 팩스 720-4579
E-mail: sc1992@empal.com
Homepage: www.sechangpub.co.kr
신고번호 제300-1990-63호

정가 23,000 원

ISBN 978-89-8411-255-1 93360